마틴 로이드 존스에게

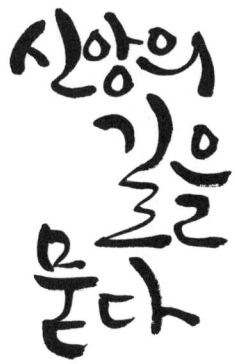
신앙의 길을 묻다

| 양우광 엮음 |

쿰란출판사

마틴 로이드 존스에게

신앙의 길을 묻다

서 문

언제나 임마누엘로 함께하시는 주님을 찬양하며 삼위 하나님께만 영광을 올립니다.

20세기 최고의 설교자로 칭송 받는 마틴 로이드 존스는 참으로 훌륭한 목회자이며 신학자입니다. 그는 영국의 복음주의 설교가이면서 동시에 청교도적인 삶을 살다 간 훌륭한 목회자입니다. 그는 하나님과의 교제를 통하여 성도들을 오직 말씀으로 하나님께 나아가게 하였습니다. 예배는 인간 중심이 아니라 하나님 중심이 되어야 하고, 설교는 교리 중심이 되어야 함을 강조합니다. 성도의 삶은 그리스도의 십자가의 은혜로 주시는 '의'를 덧입고, 성화의 삶을 살아야 함을 말씀합니다.

마틴 로이드 존스를 만난 것은 저에게는 하나님의 큰 은혜입니다. 저는 마틴 로이드 존스의 책들을 읽으면서 무엇보다 마틴 로이드 존스가 사람에 대한 깊은 이해와 애정이 있음을 발견하였습니다. 그리고 어떻게 하면 이 좋은 글들을 다른 이들과 좀더 쉽게 함께 나눌 수 있을까 고민하였습니다. 그래서 그의 책들을 읽으면서 문답식으로 정리해 보았습니다. 그리고 나니 글의 내용들이 더 쉽게 이해가 되었습니다.

이렇게 문답식으로 정리한 글들은 책을 읽을 시간을 많이 내지 못하는 이 시대의 사람들에게 매우 유용한 신앙생활의 지침과 믿음생활의 도구가 될 것이라고 기대합니다.

믿음이 무엇인지? 믿는 자는 어떤 삶을 살아야 하는지에 대하여 좋은 지침이 될 것입니다. 본서를 통해서 많은 분들이 더 깊이 마틴 로이드 존스의 책들을 읽어보고 싶은 생각이 들기를 기대합니다.

사랑하는 씨에라비스타 한인연합장로교회 모든 교우들에게 감사드립니다.

이 책이 나오기까지 기도해주신 어머니 최순재 권사님과 큰 형님 양정택 님에게도 감사드립니다. 그리고 언제나 기도와 격려로 함께해준 아내와 두 아들 수환(Josh), 수인(Sam)을 사랑합니다.

2015년 7월
애리조나 씨에라비스타 한인연합장로교회에서
양 우 광

목 차

서문 _ 2

제1장　하나님에 관하여 _ 9
제2장　성자 하나님에 관하여 _ 19
제3장　십자가에 관하여 _ 31
제4장　성령 하나님에 관하여 _ 37
제5장　성경에 관하여 _ 43
제6장　율법에 관하여 _ 49
제7장　죄에 관하여 _ 57
제8장　사탄에 관하여 _ 73
제9장　복음에 관하여 _ 77
제10장　구원에 관하여 _ 85

제11장 회개에 관하여 _ 91

제12장 중생한 삶에 관하여 _ 95

제13장 그리스도인에 관하여 _ 101

제14장 삶에 관하여 _ 121

제15장 기도에 관하여 _ 171

제16장 교회에 관하여 _ 179

제17장 예배에 관하여 _ 187

제18장 죽음에 관하여 _ 195

제19장 종말에 관하여 _ 203

제20장 하나님 나라에 관하여 _ 207

참고도서 _ 212

"주님과 나의 관계만 괜찮으면
세상에서 무슨 일이 일어나도 상관없다."

마틴 로이드 존스

제 1 장

하나님에 관하여

1. 하나님의 목적은 무엇입니까?

답 만물을 예수 그리스도 안에서 완전하고 영광되게 회복하는 것입니다.

설명 '하나님의 이름을 위하여' 그리고 '그분의 이름의 영광을 위하여' 모든 일을 행하십니다. 또한, '예수 그리스도 안에서 역시 매우 중요한 목적입니다.

'하나님의 영광'과 '하나님의 이름의 영광'에 관해서는 존 파이퍼의 책 《하나님의 영광을 위한 하나님의 열심》을 읽으면 더 깊은 이해를 가질 수 있게 됩니다.

마틴 로이드 존스의 《생수로 채워라》 중에서

2. 성경에 나타난 하나님의 목적은 무엇인가요?

답
1) 인간을 속박에서 구원해 주시는 것입니다.
2) 사탄을 처리해 주시는 것입니다.
3) 사탄을 정복하고 이기시는 것입니다.
4) 사탄의 사악한 일을 폐하시는 것입니다.

> 설명

▶ **웨스트민스터 소요리문답**

제1문 사람의 가장 중요한 목적은?

답 하나님을 영화롭게 하고 또한 영원토록 그를 즐거워하는 것입니다.

▶ **제네바교회 요리문답**

제1문 인간의 삶의 가장 중요한 목적은?

답 하나님 자신을 아는 것인데, 이는 인간이 하나님에 의해 창조되었기 때문이다.

▶ **하이델베르크 요리문답**

제1문 살아서나 죽어서나 당신의 유일한 위로는 무엇입니까?

답 그리스도에게 속해 있다는 것입니다.

마틴 로이드 존스의 《창세기에 나타난 복음》 중에서

3. 하나님의 이 세상에서의 계획은 무엇인가요?

답 세상을 구속하고자 하시는 것입니다. 하나님께서는 그리스도를 통하여 우리를 의롭게 하시려고 예수 그리스도를 부활시키셨습니다. 그리고 주님은 항상 살아계셔서 우리를 위하여 하나님 우편에서 간구하십니다(시 110:1; 히 7:25).
시편 110:1 "여호와께서 내 주에게 말씀하시기를 내가 네 원수들로 네 발판이 되게 하기까지 너는 내 오른쪽에 앉아 있으라 하셨도다."

마틴 로이드 존스의 《생수를 누리라》 중에서

4. 하나님을 '안다'는 뜻은 무엇인가요?

답 하나님과 '사귐이 있다'는 뜻입니다.

설명 사귐이 있다는 것은 나에게 실제적이고 인격적이며, 애정이 있고, 교제가 있으며, 기도할 때 어떤 문제든 확신을 가지고 나아가며, 이 일이 쉽고 편하며, 개인적인 일들도 털어놓을 수 있는 인격적인 관계입니다. 그리스도인은 하나님에 관해서 알기보다는 '하나님'을 알아야 합니다.

마틴 로이드 존스의 《위로》 중에서

5. 하나님은 어떻게 알 수 있나요?

답 욥의 고백처럼 인간의 마음에는 이런 부르짖음이 있습니

다. "내가 어찌하면 하나님을 발견하고 그의 처소에 나아
가랴"(욥 23:3). 모든 인류에게는 그 본성에 하나님에 대한
의식이 있습니다.

설명 우리가 하나님에 대한 지식을 가지게 된 이유는 하나님이
그것을 우리에게 주시기를 기뻐하시기 때문입니다.

신명기 30:6 "네 하나님 여호와께서 네 마음과 네 자손의
마음에 할례를 베푸사 너로 마음을 다하며 뜻을 다하여
네 하나님 여호와를 사랑하게 하사 너로 생명을 얻게 하
실 것이며."

마틴 로이드 존스의 《성부 하나님과 성자 하나님》 중에서

6. 이 세상에서 가장 고귀한 지식은 무엇인가요?

답 하나님을 아는 지식입니다. 이보다 더 귀하고 중요한 일은
없습니다.

설명 하나님을 아는 지식이 없는 인생은 망한 인생입니다. 우리
에게 최고로 필요한 것은 창조주 하나님을 아는 것입니다
(잠 2:5; 골 1:10; 고후 10:5).

마틴 로이드 존스의 《너희 하나님을 보라》 중에서

7. 하나님에 대한 잘못된 인식은 무엇이 있을까요?

답 1) 비인격적인 힘의 하나님입니다(냉정하고 멀리 있으며, 우리와 상관이 없는 하나님의 개념).
2) 두려움의 하나님입니다.
3) 친숙한 하나님이라는 인식입니다. 성경은 언제나 경건함과 두려움으로 나아가야 한다고 합니다.
4) 대리자로서의 하나님 인식입니다. 그저 도와주시기만 하시는 하나님의 개념입니다.

설명 위기가 닥치는 순간 하나님에 대한 우리의 진실한 생각이 드러납니다. 우리 시대에, 진정 필요한 것은 살아계신 하나님에 대한 지식입니다(요 17:3).

마틴 로이드 존스의 《생수를 구하라》 중에서

8. 하나님에 대한 잘못된 의문은 무엇입니까?

답 1) 하나님이 무관심하다고 비난하는 것입니다.
2) 어둠의 권세와 악이 하나님의 능력보다 강하다고 생각하는 것입니다.
3) 하나님이 하시는 일에 대한 의문입니다.

여기에 대한 답 1) 하나님에 대한 인간의 오만이 문제입니다

(롬 9:20; 눅 22:42).

2) 하나님을 알지 못하는 데서 오는 의문의 문제입니다(사 45:12, 40:15, 17). 그분의 능력과 관심과 사랑을 모르는 것입니다.

3) 하나님의 방법에 대한 무지입니다(롬 11:33-36). 하나님의 길과 우리의 길은 다릅니다(사 55:8).

이사야 55:8-9 "이는 내 생각이 너희의 생각과 다르며 내 길은 너희의 길과 다름이니라 여호와의 말씀이니라 이는 하늘이 땅보다 높음같이 내 길은 너희의 길보다 높으며 내 생각은 너희의 생각보다 높음이니라."

마틴 로이드 존스의 《전쟁과 하나님의 주권》 중에서

9. 하나님을 찾는 방법이 있나요?

1) 인간의 노력과 추구에 의지하는 방법이 있는데, 이것은 하나님의 성품과 인간의 죄 때문에 반드시 실패합니다.

2) 계시에 의존하는 방법이 있습니다. 계시에는 일반계시와 특별계시가 있습니다. 일반계시(자연계시, 롬 1:20)를 통해서는 하나님과 인격적인 관계를 맺는 지식에는 도달할 수 없습니다. 하나님에 대한 특별한 지식은 오직 특별계시(성경: 예수 그리스도가 계시의 중심이다. 창 15:4)을 통해

서만 주어지기 때문입니다.

로마서 1:20 "창세로부터 그의 보이지 아니하는 것들 곧 그의 영원하신 능력과 신성이 그가 만드신 만물에 분명히 보여 알려졌나니 그러므로 그들이 핑계하지 못할지니라."

창세기 15:4 "네 몸에서 날 자가 네 상속자가 되리라."

마틴 로이드 존스의 《성부 하나님과 성자 하나님》 중에서

10. 하나님의 인격적(비공유적) 속성들은 무엇입니까?

답 1) 영원성과 불변성 2) 편재성 3) 전지하심 4) 전능하심 5) 절대적 복되심 6) 하나님의 영광

마틴 로이드 존스의 《성부 하나님과 성자 하나님》 중에서

11. 하나님의 도덕적(공유적) 속성들은 무엇입니까?

답 1) 거룩하심 2) 의로우심과 공의로우심 3) 선하심과 사랑 4) 신실하심

마틴 로이드 존스의 《성부 하나님과 성자 하나님》 중에서

내용 요약

하나님은 '하나님의 영광'을 위하여 천지를 창조하셨습니다. 그 하나님은 우리 주 예수 그리스도를 통하여 인간을 구속해 주시기로 예정하셨습니다. 그리고 실행하셨습니다. 이런 하나님에 대해서는 하나님께서 주신 두 개의 책인 자연과 성경을 통해서 알 수 있습니다. 그런데 자연을 통해 아는 하나님 인식으로는 예수 그리스도의 구속에 대한 은혜를 알 수 없습니다. 따라서 성경을 통한 하나님 이해가 가장 정확합니다. 예수 그리스도를 통하지 않는 하나님 인식은 모두 잘못된 신인식입니다. 따라서 우리는 가장 고귀한 지식인 삼위일체 하나님을 아는 것과 그분과 화목하고 맺은 교제를 귀하게 여기며, 하나님의 형상을 닮기 위한 노력을 게을리하지 말아야 합니다.

성부 하나님과 관련하여 더 깊이 연구하고 싶은 분에게는 부흥과 개혁사에서 나온 마틴 로이드 존스의 《성부 하나님과 성자 하나님》을 읽기를 권합니다.

질 문

문 1 하나님의 목적은 무엇인가요?
답 1. 2.

문 2 하나님의 계획은 무엇인가요?
답 3.

문 3 하나님을 어떻게 알 수 있나요?
답 5. 6.

문 4 이 세상에서 가장 고귀한 지식은 무엇인가요?
답 7.

문 5 하나님에 대한 잘못된 인식은 무엇인가요?
답 8. 9.

문 6 하나님을 찾는 방법으로 무엇이 있을까요?
답 10.

문 7 하나님의 공유적 속성과 비공유적 속성은 무엇이 있을까요?
답 11. 12.

제 2 장

성자 하나님에 관하여

1. 예수님은 누구신가요?

답 참 하나님으로부터 오신 참 하나님이십니다.

설명 니케아-코스탄티노플 신조에서 나온 말씀입니다.

마틴 로이드 존스의 《생명수》 중에서

2. 예수 그리스도의 3중직은 무엇입니까?

답
1) 선지자이십니다(신 18:15; 눅 13:33). 하나님의 말씀을 전하시며, 예언하시고, 지도자로서 말씀하십니다. 하나님에 대한 지식을 주십니다.
2) 제사장이십니다(레 1:4, 4:20; 히 3:1, 4:14, 5:5). 하나님과 화목하게 하며, 속죄하시며, 그리고 중재하십니다. 하나님의 공의를 만족시키시고, 우리를 하나님과 화해시키기 위하여 자기 자신을 희생 제물로 바치시고, 우리를 위하여 지속적으로 중재하심으로써 제사장의 직무를 수행하십니다.
3) 왕이십니다(시 2:8; 마 28:18; 고전 15:24-28).

마틴 로이드 존스의 《성부 하나님과 성자 하나님》 중에서

3. 예수님이 이 땅에 오신 목적은 무엇입니까?

답
1) 우리 죄를 친히 지기 위해서입니다(벧전 2:24).
2) 우리를 위해 죽으셨고, 우리의 형벌을 대신 지셨으며, 항상 살아계시며, 우리를 위해 중보하십니다(시 110:1; 히 7:25).
3) 주님의 죽으심으로 하나님의 공의를 드러내셨습니다. 하나님은 의로우신 분입니다.
4) 우리의 양심의 요구를 만족시키십니다.
5) 하나님과 사람과의 교제를 회복시키기 위해 오셨습니다.
6) 주님을 통해 하나님과 화목하도록 하시기 위해 오셨습니다.

마틴 로이드 존스의 《생수를 마셔라》 중에서

4. 왜 그리스도가 사람으로 오셔야 했나요?

답
1) 사람이 실패했으니, 사람이 성공해야 합니다(히 2:10). 우리를 대표하고 우리를 구원해 줄 존재가 필요한데 그는 반드시 사람이어야 합니다.
2) 여자에게서 나야 합니다. 왜냐하면 그는 율법 아래 나야 하기 때문입니다.

주님께서는 모든 율법을 지키셨습니다. 주님이 율법에 완전히 순종하지 않았다면 우리를 율법의 저주에서 구해내지 못하셨을 것입니다.

3) 인간이면서 동시에 하나님이셔야 했습니다. 죽음을 뚫고 나와야 하는데 그것은 하나님만이 가능합니다. 주님은 죽음까지 다스리시는 주인입니다.

4) 사람이면서 하나님이셔야 인간에게 구원의 열매를 주실 수 있습니다.

5) 그리스도가 우리를 위해 모든 시험을 받으셨습니다.

설명 하나님이시자 사람인 예수야말로 하나님의 기름부음을 받은 영원히 존재하시는 구주입니다.

마틴 로이드 존스의 《하나님께로 난 사람》 중에서

5. 왜 우리 주 예수 그리스도는 인간의 모습으로 오셨는지요?

답 주님은 여전히 하나님이시지만 인간이 되셨습니다(요 1:14, 4:22). 인간은 대리자를 통해서만 구원을 받을 수 있기 때문입니다. 우리는 인간이기 때문에 우리의 대리자도 반드시 인간이어야 합니다. 누군가 반드시 와서 하나님 앞에서 우리를 대신하여야 합니다. 아담이 인간이었듯이, 우리를 구원할 자도 오직 인간이어야만 합니다. 인간으로 사시는 하나님이시기에 우리의 죄를 떠맡으실 수 있습니다.

마틴 로이드 존스의 《생명수》 중에서

6. 예수님의 속죄 사역은 무엇인가요?

답 십자가에 죽으시고, 장사되시고, 부활하시고, 그리고 승천하신 일입니다.

마틴 로이드 존스의 《위로》 중에서

7. 하나님은 우리를 어떻게 용서하실 수 있나요?

답 죄에 상응하는 벌을 주시고, 그것에 만족하시는 것입니다.
설명 예수님은 2천 년 전 예루살렘 밖 갈보리 언덕 위 십자가에서 일어난 일을 통해 죄에 대한 벌을 받으셨고, 이로써 하나님의 공의는 완전하게 충족되었습니다. 하나님은 죄 용서를 위해 예수님께 더 이상 요구할 것이 없습니다. 예수님이 죄 용서를 위해 더 이상 해야 할 일도 없습니다.

마틴 로이드 존스의 《너희 하나님을 보라》 중에서

8. 예수님이 그리스도(메시아)인지 어떻게 알 수 있나요?

 1) 구약성경의 예언을 성취하셨습니다(창 3:15; 사 7:14, 동정녀 탄생 외에도 무척 많습니다).

2) 아브라함의 자손인 메시아, 유다 지파 그리고 다윗의 집 후손의 예언과 성취(마 1:1, 9:27).

3) 인간이며 여자에게서 나신 메시아의 예언과 성취.

4) 메시아가 오실 때와 장소의 예언과 성취(미 5:2; 마 2:5, 6).

5) 애굽으로 내려가는 것의 예언과 성취(호 11:1; 마 2:14, 15).

6) 온유하고 평화를 사랑하는 메시아이십니다(사 40장).

7) 메시아의 이적 예언과 성취(사 35장; 마 11:5, 8:16-17).

8) 그리스도의 죽음과 부활의 예언과 성취(시 22편; 눅 24:25-27).

9) 성령 강림의 예언과 성취(욜 2:28-32; 행 2:1-4).

10) 그분만이 율법의 정죄를 보여주십니다(벧전 2:24; 고후 5:19).

11) 그분만이 우리에게 영원한 삶을 보장하십니다(요일 3:2).

마틴 로이드 존스의 《생수를 나누라》 중에서

9. 왜 유대인들은 예수님을 받아들이지 않았나요?

답 1) 유대인들은 메시아를 제대로 알지 못했습니다(요 1:11).
2) 유대인들은 메시아를 국가 지도자로 생각했습니다. 그러므로 초라하고 비천한 주님은 그들의 민족적인 영광과는 어울리지 않았습니다.
3) 유대인들은 민족주의적 시각을 가지고 있었습니다.
4) 오직 성령을 통해서만 주님이 그리스도이신 것을 알게 됩니다.

설명 주님이 자신을 계시하지 않으시면, 우리는 그분을 알아보지 못합니다(고전 2:7-10; 마 16:17).

마태복음 16:17 "예수께서 대답하여 이르시되 바요나 시몬아 네가 복이 있도다 이를 네게 알게 한 이는 혈육이 아니요 하늘에 계신 내 아버지시니라."

마틴 로이드 존스의 《생명수》 중에서

10. 어떻게 하면 주님을 만날 수 있을까요?

답 1) 성경을 통해서 주님을 만날 수 있습니다(눅 24:25-27, 44-45). 성경을 읽으면서 그리스도 예수 안에 있는 충만을 구해야 합니다.

2) 성례를 통해서 주님을 만날 수 있습니다(고전 11:24, 25). 영적임재를 경험할 수 있습니다.

3) 집중하는 기도를 통해서 주님을 만날 수 있습니다.

4) 신앙 위인들의 삶을 통해서 그분을 만날 수 있습니다.

5) 순종을 통해서 주님을 만날 수 있습니다(사 55:6).

6) 주님을 만나려면 끈기를 가져야 합니다(빌 3:14).

설명 주님은 우리의 명령대로 움직이시는 분이 아닙니다. 우리가 전적으로 그분의 명령대로 움직여야 합니다. 시간도 방법도 형식도 모두 주님께 달렸습니다. 이 모든 것은 주님께서 정하십니다.

마틴 로이드 존스의 《생수를 나누라》 중에서

11. 예수님은 어떻게 자신을 나타내시나요?

답 1) 영적으로 나타내십니다. 영적 현현들은 전적으로 주님의 주권적 능력에 달려 있습니다. 우리가 원한다고 언제든지 볼 수 있는 것이 아닙니다.

2) 언어를 초월하여 나타나십니다.

3) 영적 체험을 정형화하지 말아야 합니다.

4) 같은 사람에게 다른 모습으로도 나타날 수 있습니다.

5) 성경을 통해서 오십니다. 주님을 눈으로 직접 볼 수는

없지만, 성경에서 그분을 봅니다.
6) 내적 감각을 통해서 오십니다.
7) 외적 감각을 통해서 나타내십니다.

마틴 로이드 존스의 《생수를 나누라》 중에서

12. 기독교 설교의 본질적인 핵심은 무엇인가요?

답 나사렛 예수 그리스도가 하나님의 영원한 독생자로서 성육신하여 몸을 입고 하늘에서 땅으로 내려오셨으며, 처녀 마리아에게서 기적적인 방식으로 태어났다는 것입니다.

마틴 로이드 존스의 《위로》 중에서

설명 이는 주님의 '비하의 지위'입니다.
1) '영원'이 시간 속으로 오신 것입니다.
2) 하나님이 인간으로 동정녀 몸에 태어나신 것입니다.
3) 우리를 위해 고난을 당하셨습니다(그분은 우리의 아픔을 함께하셨다).
4) 죄 없으신 분이 죽음으로(왜냐하면 죽음은 죄의 삯이기 때문) 인류의 죗값을 치르셨습니다.
5) 무덤에 묻히셨습니다.

승귀의 지위: 부활, 승천, 하나님 우편에 계심, 심판주로 오심. 새 하늘과 새 땅을 상속하심.

13. 만약 예수님을 현실에서 눈으로 볼 수 있다면 우리 믿음에 더 도움이 되지 않을까요?

답 그렇지 않습니다.

설명 1) 역사적으로 육안으로 본 자들은 오히려 예수님을 능욕하고 십자가에 못 박았습니다.

2) 예수님께 직접 교육 받은 제자들도 성령이 오시기 전까지는 주님과 그분의 말씀을 이해하지 못했습니다. 오히려 십자가 앞에서 도망갔습니다. 제자들은 주님을 모른다 부인하고, 생업의 현장인 물고기를 잡으러 가고, 주님의 말씀에 따라 예루살렘에 머물지 않고 자기 고향으로 돌아갔습니다.

마틴 로이드 존스의 《위로》 중에서

14. 예수님의 부활의 의미는 무엇입니까?

답 1) 하나님께서 완전히 만족하신다는 것입니다(롬 4:25).

2) 죽음의 두려움을 이기게 됩니다(딤후 1:12; 빌 1:19-24).

3) 하나님 우편에 앉으신 주님이십니다(히 10:12, 13; 엡 1:20-23).

4) 임마누엘로 항상 함께하십니다(마 28:18-20).

5) 우리를 정죄하지 않으십니다(롬 8:1, 33-34).

6) 우리의 영원한 대제사장이 되십니다(히 7:22-23).

7) 우리를 위해 중보해 주십니다(히 7:24-25).

8) 하나님과 우리 사이를 화해시켜 주셨습니다.

9) 하나님의 상속자가 되셔서 우리와 함께 하나님 나라를 상속하십니다(롬 8:17).

10) 고난 속에서 승리를 소망합니다(히 2:18, 13:8).

11) 주님은 다시 오십니다(히 9:27-28).

설명 주님은 어떤 일이 일어나도, 어떤 재앙이 닥쳐도, 어떤 전쟁이 일어나도, 어떤 역병이 번져도 우리와 함께하십니다. 마지막 날 "난리와 난리의 소문"(막 13:7)이 있을 것이며, 무서운 일들이 일어날 것입니다. 그러나 괜찮습니다. 주님께서 오실 것이기 때문입니다. 그때 주님께서는 자기 백성을 맞아들이시고, 믿는 자들은 주님이 계신 곳에 영원히 거하게 될 것입니다.

마틴 로이드 존스의 《생수로 채우라》 중에서

내용 요약

　예수 그리스도는 창조주 하나님이시며 삼위일체 하나님의 한 분이십니다. 그분께서는 우리 죄를 구속하시고 영원한 생명을 주시기 위해 우리 죄를 대신해서 죽으셨습니다. 그분의 의로움으로 인해 주님께서는 부활하셨으며, 그 의를 우리에게 전가해 주심으로 우리는 죄인이면서 동시에 의롭다 하는 법적 지위를 받게 됩니다. 주님은 부활의 첫 열매이며, 우리의 부활의 예표입니다.
　성자 하나님과 관련하여 더 깊이 연구하고 싶은 분에게는 부흥과 개혁사에서 나온 마틴 로이드 존스의 《성부 하나님과 성자 하나님》을 읽기를 권합니다.

질문

문 1 예수 그리스도는 누구신가요?
답 1. 3. 4. 5.

문 2 예수 그리스도의 3중직은 무엇인가요?
답 2. 8.

문 3 예수 그리스도는 왜 죽으셔야 했나요?
답 6.

문 4 예수 그리스도의 부활의 의미는 무엇인가요?
답 14.

제 3 장

십자가에 관하여

1. 기독교 복음의 핵심은 무엇인가요?

답 십자가를 전하고, 십자가상에서 죽임당하신 예수 그리스도의 죽음을 전파하는 것입니다(고전 2:2).

설명 주님은 '하나님 나라'를 전파했습니다. 사도들은 십자가상에서 '죽으신 주님(십자가와 보혈)과 부활'을 전했습니다. 이것이 복음의 핵심이며, 중심 주제이고, 구원의 복된 소식입니다. 사람은 죄로 인한 죄책과 하나님의 저주와 진노 그리고 죄의 값인 사망을 당하게 됩니다. 그런 죄와 죄책 그리고 죽음을 이긴 사건이 십자가의 사건입니다. 십자가는 구원의 사건이요, 구원이 성취되는 결정적인 구속(대속, 속량) 행위입니다.

속량: 종을 자유하게 할 목적으로 값을 주고 산 후 자유함을 주는 것이다. 그 대가로 금전을 주거나 대신 일을 하거나 생명을 제공하는 경우도 있었다.

마틴 로이드 존스의 《십자가》 중에서

2. 그리스도인은 왜 십자가를 자랑해야 하나요?

답 1) 그것은 십자가가 우리를 구원해주기 때문입니다.
2) 십자가는 마귀의 손아귀로부터 우리를 구원해 주기 때

문입니다.

3) 십자가를 통해 우리 주 예수 그리스도의 인격과 영광을 환히 볼 수 있기 때문입니다.
4) 십자가 안에서 아버지 하나님의 영광을 발견하기 때문입니다.
5) 십자가를 통해서 하나님 아버지와 관련한 진리를 발견하기 때문입니다.

마틴 로이드 존스의 《십자가》 중에서

3. 십자가가 은혜가 되는 이유는 무엇인가요?

1) 그리스도의 의를 우리에게 전가해 주셨기 때문입니다 (고후 5:19, 21; 사 53:4; 요 1:29; 롬 4:25).

고린도후서 5:19 "곧 하나님께서 그리스도 안에 계시사 세상을 자기와 화목하게 하시며 그들의 죄를 그들에게 돌리지 아니하시고 화목하게 하는 말씀을 우리에게 부탁하셨느니라."

2) 부활을 주시고, 우리에게 하나님 나라를 주셨기 때문입니다(살전 1:10; 롬 1:4; 히 10:13).

마틴 로이드 존스의 《영광을 바라보라》 중에서

4. 십자가를 보면 수직이 수평보다 깁니다. 무슨 의미일까요?

답 하나님이 먼저라는 것입니다. 하나님과의 관계가 먼저고, 그분이 가장 중요하고, 그분이 삶의 중심이 되어야 한다는 것입니다. 만약 수평이 길게 되면 반드시 실족하게 됩니다. 인간을 바라보는 순간 우리는 시험에 빠지게 됩니다. 인간을 바라보지 말고 하나님을 바라보아야 합니다.

5. 십자가에 못 박히셔서 죽으신 것은 어떤 가치가 있나요?

답 십자가를 통하여 주님이 내게 주어진 저주를 대신 짊어지셨다는 것을 확신하게 되는데(갈 3:13), 이는 그의 십자가 위에서의 죽음은 하나님에 의하여 저주를 받은 것이기 때문입니다(신 21:23; 갈 3:13).

갈라디아서 3:13 "그리스도께서 우리를 위하여 저주를 받은 바 되사 율법의 저주에서 우리를 속량하셨으니 기록된 바 나무에 달린 자마다 저주 아래에 있는 자라 하였음이라."

설명 하이델베르크 요리문답 제39문

6. 예수가 십자가에서의 희생과 죽으심으로 받게 되는 혜택은 무엇인가요?

답 그의 능력을 통하여 우리 옛사람이 그와 함께 십자가에 못 박혀 죽게 되고 장사됨으로써(롬 6:6-8, 11; 골 2:12), 우리 육체의 악한 욕망이 더 이상 우리를 지배하지 못하게 되고(롬 6:12), 우리는 우리 자신을 그에게 감사의 제물로 바치게 되는 것입니다(롬 12:1).

롬 12:1 "그러므로 형제들아 내가 하나님의 모든 자비하심으로 너희를 권하노니 너희 몸을 하나님이 기뻐하시는 거룩한 산 제물로 드리라 이는 너희가 드릴 영적 예배니라."

설명 하이델베르크 요리문답 제43문

내용 요약

　예수 그리스도는 죄로 인해서 죽어야 할 인간을 대신해 죽으셨습니다. 십자가를 통하여 죄의 대속이 이루어졌으며, 이는 완전한 속죄요 더 이상의 속죄가 필요하지 않는 제사요 제물이셨습니다. 이를 통해서 우리는 주님과 더불어 부활하며, 영생하고, 하나님의 나라를 상속하여, 새 하늘과 새 땅에서 하나님께 영광을 돌리며 살게 될 것입니다.

| 문1 | 십자가의 의미는 무엇입니까? |
| 답 | 2. |

| 문2 | 십자가가 은혜가 된다는 의미는 무엇인가요? |
| 답 | 3. 6. |

제4장

성령 하나님에 관하여

1. 성령이 하시는 일은 무엇인가요?

 1) 성령님은 창조의 유지와 보존을 하시며, 성도 안에 거하시고, 조명하시고, 깨닫게 하시고, 기름 부으십니다.
2) 그분을 통해 교회가 형성되었습니다.
3) 성령을 통해 복음이 전파됩니다.
4) 성령은 예수 그리스도에게로 우리를 인도하십니다. 성령은 나사렛 예수가 하나님의 아들이며 세상의 구주라는 사실에 최종적 증거를 주십니다.
5) 성령은 사탄의 패배와 구속 사역의 완성을 최종적으로 선포합니다.

조명: 성령의 도우심으로 성경을 읽을 때, 성경의 참된 의미를 이해하게 된다는 뜻입니다.

마틴 로이드 존스의 《성령 하나님과 놀라운 구원》 중에서

2. 삼위일체 하나님이 하시는 일이 어떻게 다른가요?

 1) 성부는 계획하십니다.
2) 성자는 세상에 와서 성부의 계획을 실행하시고 완성하십니다.
3) 성령은 성자가 완성하신 일을 적용하십니다.

설명 성령은 항상 성자 주 예수 그리스도에게로 우리를 인도하시고 특별히 그의 십자가의 죽음으로 인도하십니다. 그래서 성령의 인도를 받는 사람은 주 예수 그리스도의 십자가만을 자랑합니다. 성자는 성부에게로 우리를 인도하십니다.

마틴 로이드 존스의 《하나님께로 난 사람》 중에서

3. 성령님은 나에게 어떤 일을 하시는지요?

답 나를 인도하시고, 나를 이끄시고, 나를 가르치시고, 내게 길을 보여주시며, 내가 기도할 수 있도록 나를 준비시키십니다.

마틴 로이드 존스의 《생수를 구하라》 중에서

4. 내 삶이 성령의 인도함을 받는지는 어떻게 알 수 있나요?

답 1) 강하게든 약하게든 성령의 인도하심을 느낄 수 있습니다.
2) 성경으로 인도해 주시는 것을 느낄 수 있습니다.
3) 기도로 인도해 주시는 것을 느낄 수 있습니다.
4) 거룩해지려는 열망을 가지게 됩니다.

5) 유혹에 민감해져 죄가 조금만 가까이 와도 떨며 부르짖습니다. 죄를 예민하게 감지합니다. 육신의 일을 죽입니다.

6) 위와 같은 일이 있는 사람은 성령의 인도를 받는 사람입니다.

마틴 로이드 존스의 《하나님께로 난 사람》 중에서

5. 하나님이 내게 성령을 주셨다는 것을 어떻게 알 수 있나요?

답

1) 자신의 믿음입니다.

2) 말씀에 대한 지식을 더욱 사모합니다(롬 8:14).

3) 우리 속에서 성령의 역사를 경험합니다. 죄를 미워하고 죄에서 자유로워지고자 합니다.

4) 성령의 열매와 은사를 맺습니다(갈 5:22-23; 고전 12:27-13:3).

5) 양자 됨을 경험합니다(롬 8:15).

마틴 로이드 존스의 《성령 하나님과 놀라운 구원》 중에서

6. 성령세례와 성령충만은 무슨 뜻인가요?

답   성령세례는 성령 받음의 최초의 경험이며, 성령충만은 받

은 성령을 지속적으로 유지하는 일입니다.

마틴 로이드 존스의 《성령 하나님과 놀라운 구원》 중에서

7. 성령은 누구신가요?

답 1) 성령은 성부와 성자와 함께 영원한 하나님이십니다(창 1:2; 사 48:16; 고전 3:16, 6:19; 행 5:3).

2) 영원토록 믿는 자에게 언제나 함께하십니다(마 28:19; 고후 1:21; 요 14:16; 벧전 4:14).

3) 믿는 자로 하여금 그리스도 자신과 그의 모든 은혜에 참여하게 해주시며(갈 3:14; 벧전 1:2; 고전 6:17), 믿는 자를 위로해 주십니다(행 9:31).

설명 하이델베르크 요리문답 제53문

내용 요약

성령은 삼위일체 하나님의 한 분이십니다. 성령은 예수 그리스도를 계시해 주시며, 성도에게 믿음을 확증시켜 주시고, 성경을 읽을 때 성경을 조명해 주십니다. 이로써 우리는 성경을 보다 효과적으로 읽고 이해할 수 있게 됩니다. 성령은 우리가 하나님의 사람으로 살 수 있도록 도우시며 함께하십니다. 또한 성령의 은사와 열매를 맺게 하십니다.

성령 하나님과 관련하여 더 깊이 연구하고 싶은 분에게는 부흥과 개혁사에서 나온 마틴 로이드 존스의 《성령 하나님과 놀라운 구원》을 읽기를 권합니다.

질 문

문 1 성령이 하시는 일은 무엇인가요?
답 1. 3. 7.

문 2 성령의 인도를 받고 있는지 어떻게 알 수 있나요?
답 4.

문 3 성령을 받았다는 것을 어떻게 알 수 있나요?
답 5.

문 4 성령세례와 성령충만은 어떻게 다른가요?
답 6.

제 5 장

성경에 관하여

1. 성경은 무엇입니까?

답 66권의 성경은 1600년이 넘는 기간에 40명 이상의 저자들에 의해 기록되었습니다. 이 성경은 하나님의 구원에 대한 진리를 기록하고 있습니다. 성경은 천국에 대한 내용과 교리의 능력, 문체의 장엄성, 모든 부분의 일관성, 하나님께 모든 영광을 돌리는 전체의 시야, 인간의 구원에 이르는 유일한 길이 완전히 나타나 있습니다.

마틴 로이드 존스의 《성부 하나님과 성자 하나님》 중에서

2. 성경의 목적은 무엇인가요?

답
1) 인간에게 주어진 하나님의 계시를 보여 주기 위함입니다(딤후 3:16).
2) 하나님을 알게 하기 위해서입니다(벧후 1:20, 21).
3) 그리스도를 알게 하기 위해서입니다(고전 2:14-16).
4) 기독교는 체험과 이해의 종교입니다. 체험만을 내세우지 않습니다. 성경을 통해 우리는 하나님의 뜻을 알게 됩니다.
5) 구약은 세상의 구속을 준비합니다(딛 2:14).
6) 신약은 약속된 메시아에 대한 말씀입니다(요 16:13).

7) 그리스도를 통해 구원 사역을 완성하심을 알려줍니다
(롬 11:33-36).

설명 성경은 지금까지 숱한 세월을 헤쳐 나왔듯이 앞으로도 헤쳐 나갈 것입니다. 성경은 하나님의 진리입니다. 성경 곳곳에 하나님이 계십니다. 하나님은 어디에나 계십니다. 성경은 무한하며, 언제나 매혹적이며, 언제나 흥미진진하며, 언제나 짜릿하며, 언제나 새로우며, 언제나 놀라우며, 언제나 신비롭습니다. 성경은 하나님을 아는 지식을 가르쳐줍니다.

마틴 로이드 존스의 《생명수》 중에서

3. 성경은 왜 필요한가요?

답 하나님이 인간을 구원하시는 방식을 성경에서 발견하기 때문입니다.

설명 성경의 목적은 우리를 세우고, 가르치고, 인도하고, 보호하고, 우리로 자신을 점검하게 하며, 우리를 도와 우리를 온전하게 하기 위해서입니다. 성경 자체가 우리를 구원하지는 않지만 우리를 구원하시는 분에 대해 알려줍니다.

오직 성경에만 하나님의 구원이 규정되어 있으며 계시되어 있습니다. 참되고 구원에 이르게 할 하나님에 대한 지

식을 얻기 위해서는 성경이 반드시 필요합니다. 성경을 통한 지식은 구원을 얻는 데 필요하며, 진리를 더 잘 보존하고 전파하기 위해서, 그리고 교회를 더욱 견고하게 하기 위해서, 위로하시기 위해서 성경을 기록하게 하셨습니다.

마틴 로이드 존스의 《회개》 중에서

4. '영감'의 의미는 무엇인가요?

답 하나님께 받은 계시를 정확히 기록하도록 성령께서 주신 힘과 능력입니다.

마틴 로이드 존스의 《생수로 채우라》 중에서

5. 성경의 중요한 가르침은 무엇인가요?

답 1) 사람이 하나님에 관하여 믿어야 하는 것이 무엇인지 알려주십니다(창 1:1; 요 5:39, 20:31; 롬 10:17; 딤후 3:15).

딤후 3:15 "성경은 능히 너로 하여금 그리스도 예수 안에 있는 믿음으로 말미암아 구원에 이르는 지혜가 있게 하느니라."

2) 하나님께서 우리에게 요구하시는 의무가 무엇인지 알려

주십니다(신 10:12, 13; 수 1:8; 시 119:105; 미 6:8; 딤후 3:16-17).

시편 119:105 "주의 말씀은 내 발에 등이요 내 길에 빛이니이다."

설명 웨스트민스터 소요리문답 제3문

6. 성경은 누구를 통해서 권위를 가집니까?

답
1) 전적으로 하나님께 달려 있습니다. 성경은 곧 하나님의 말씀입니다.
2) 성경 자체가 가지고 있는 신령함, 교훈의 효험, 문체의 웅장함, 모든 부분의 내용상 일치성, 내용 전체의 목표(하나님께 모든 영광을 돌려 드리는 것), 인간의 구원을 위한 유일한 길을 밝혀 주는 충분한 내용, 성경의 전체적인 완전성 등이 성경이 하나님의 말씀이라는 것을 충분히 입증합니다.
3) 우리의 심령 속에서 말씀에 의하여 말씀을 가지고 증거하시는 성령의 내적 사역에 의해서입니다.

설명 웨스트민스터 신앙고백서. 제1장 4-5의 교훈.

내용 요약

40여 명의 저자들이 성령의 감동을 받아 1600여 년 동안 66권의 책을 기록하였습니다. 성경은 하나님의 창조 경륜과 구속 계획을 보여 주시며, 성경을 통해서 인간의 구원 계획을 보게 됩니다. 구약은 메시아의 오심을 예언해 주셨고, 신약은 메시아 오심의 성취와 앞으로 있을 심판과 새 하늘과 새 땅을 예언하고 있습니다. 우리는 그것을 믿는 그리스도인들입니다. 성경은 신앙생활의 법칙입니다.

질 문

문 1 성경은 무엇인가요?
답 1.

문 2 성경의 목적은 무엇인가요?
답 2. 5.

문 3 성경은 왜 필요한가요?
답 3. 6.

제6장

율법에 관하여

1. 율법의 목적은 무엇인가요?

답
1) 하나님을 계시해 줍니다.
2) 하나님의 성품과 그분의 거룩하심을 알려줍니다.
3) 하나님과 우리의 관계를 알려줍니다.
4) 하나님이 우리에게 요구하고 기대하시는 높은 수준을 보여줌으로써 우리 죄를 드러내고, 오직 하나님만 우리의 필요를 채우실 수 있음을 알려줍니다.
5) '죄의 죄됨'을 드러냅니다. 율법의 결과로 죄가 넘치게 되었지만, 은혜는 그보다 훨씬 더 풍성하게 흘러 넘칩니다. 로마서 5:20 "죄가 더한 곳에 은혜가 더욱 넘쳤나니."
6) 죄가 가볍고 피상적인 것인 아니라 우리 존재 깊은 곳에 자리 잡고 있는 것임을 보여줍니다.

마틴 로이드 존스의 《하나님께로 난 사람》 중에서

2. 하나님께서는 왜 우리에게 율법을 주셨나요?

답 율법 이전에 이미 하나님께서는 양심에 '하나님의 법'을 주셨습니다. 그리고 그것이 나중에 문자화된 것이 율법입니다. 이러한 율법은 하나님께서 주신 것이기에 선한 것입니다. 그러므로 율법을 거부하는 것은 곧 하나님을 거부하는 것이요 양심을 부인하는 것입니다. 율법을 통해 우리는 죄를 적게 지으며, 율법을 통해 우리는 죄의 죄됨을 알게 되며(롬 3:19-23), 이렇게 자신의 죄성을 깨달은 사람은 하나님의 은혜를 진정으로 기뻐하고 그분을 찬양하게 됩니다.

설명
1) 율법은 구원의 방편으로 주신 것은 아닙니다.
2) 율법으로는 유죄를 선고하고 율법으로는 절대로 구원 받을 수 없음을 알려주기 위해 율법을 주셨습니다.
3) 하나님께서 우리를 그리스도에게 인도하기 위하여 율법을 주셨습니다.
4) 하나님께서 그리스도의 탁월성을 강조하기 위하여 율법을 주셨습니다.

마틴 로이드 존스의 《하나님께로 난 사람》 중에서

3. 그리스도와 율법은 어떤 관계가 있나요?

답
1) 그리스도는 모든 믿는 자에게 의를 이루기 위하여 율법의 마침이 되십니다(롬 10:4).
로마서 10:4 "그리스도는 모든 믿는 자에게 의를 이루기 위하여 율법의 마침이 되시니라."
2) 우리를 율법 아래에서 구원하시고, 율법을 지키지 않아도 의를 얻을 수 있도록 율법에 대해 죽게 하십니다. 하

나님께서는 그리스도의 구속의 은혜를 통해 율법의 정죄에서 우리를 풀어주십니다.

3) 새로운 출생과 내주하시는 성령을 통해 우리 스스로 율법을 지키고 따를 수 있는 능력을 주십니다(롬 8:4).

로마서 8:4 "육신을 따르지 않고 그 영을 따라 행하는 우리에게 율법의 요구가 이루어지게 하려 하심이니라."

마틴 로이드 존스의 《하나님께로 난 사람》 중에서

4. 율법과 은혜의 관계는 무엇인가요?

답 1) 율법 자체가 은혜를 가리키는 역할을 합니다. 율법은 예수 그리스도의 구속의 은혜의 절대적인 필요를 보여줍니다.

2) 오직 십자가의 은혜만 우리를 구원하기에 충분하다는 것을 알려줍니다. 우리의 구원은 전적으로 그리스도의 대속의 은혜로 이루어집니다.

3) 율법은 은혜가 무엇인지 알려줍니다. 은혜는 하나님께서 조건 없이 거저 베푸시는 호의입니다.

마틴 로이드 존스의 《하나님께로 난 사람》 중에서

5. 율법을 마음에 두면 어떻게 되나요?

답 1) 하나님의 성품 그 자체 때문에 율법이 필연적으로 존재해야 한다는 사실을 깨닫게 됩니다. 율법이 어느 정도 하나님의 성품(거룩하심, 의로우심, 공평하심 등)을 알려줍니다.

2) 하나님의 계명을 마땅히 기뻐하게 됩니다(엡 2:10).

에베소서 2:10 "우리는 그가 만드신 바라 그리스도 예수 안에서 선한 일을 위하여 지으심을 받은 자니 이 일은 하나님이 전에 예비하사 우리로 그 가운데서 행하게 하려 하심이니라."

3) 십계명을 지키고자 하는 소망이 놀라운 동기로 작용하게 됩니다(요일 3:3).

마틴 로이드 존스의 《하나님께로 난 사람》 중에서

6. 율법(도덕법)을 지켜야 하는 이유가 무엇입니까?

답 율법을 지키지 않으면 율법의 정죄 아래 있고, 율법이 제시하는 형벌은 죽음이며 하나님과의 단절이기 때문입니다.

마틴 로이드 존스의 《생수를 마셔라》 중에서

7. 율법을 부인하면 어떻게 되나요?

답 1) 전체적인 배교의 상태에 빠지게 됩니다.
2) 권위와 제재의 필요성도 느끼지 않게 됩니다.

설명 하나님께서 아담에게 한 율법을 행위 언약으로 주셨는데, 그것으로 말미암아 그의 후손들은 온전하게, 정확하게 그리고 영구적으로 순종할 의무가 생겼습니다. 동시에 그 율법을 지키면 생명을 주겠다고 약속하셨고, 지키지 않으면 사망에 이를 것이라고 하셨습니다. 그리고 그것을 지킬 수 있는 힘과 능력을 그에게 주셨습니다. 그러나 그는 타락했고 결국 행위 언약을 통해서는 생명을 얻을 수 없게 되었습니다. 아담의 타락 후에도 의에 대한 완전한 규칙으로 율법은 십계명의 형식으로 남아 있게 되었습니다. 이 율법은 역사상 유효하지 않은 적이 결코 없었습니다.

마틴 로이드 존스의 《하나님께로 난 사람》 중에서

8. 율법을 지켜야 할 의무가 있다는 것을 어떻게 알 수 있나요?

답 1) 모든 사람들은 도덕적 판단력을 가지고 있습니다(롬 2:1).

로마서 2:1 "그러므로 남을 판단하는 사람아, 누구를 막론하고 네가 핑계하지 못할 것은 남을 판단하는 것으로 네가 너를 정죄함이니 판단하는 네가 같은 일을 행함이니라."

2) 모든 사람들은 양심을 가지고 있습니다.

설명 웨스트민스터 신앙고백서 제19장 1-2 교훈

9. 하나님은 율법을 통해서 우리에게 무엇을 요구하시나요?

답 하나님을 사랑하고 이웃을 사랑해야 합니다(마 22:37-40; 눅 10:27).

마 22:37-40 "예수께서 이르시되 네 마음을 다하고 목숨을 다하고 뜻을 다하여 주 너의 하나님을 사랑하라 하셨으니 이것이 크고 첫째 되는 계명이요 둘째도 그와 같으니 네 이웃을 네 자신같이 사랑하라 하셨으니 이 두 계명이 온 율법과 선지자의 강령이니라."

내용 요약

하나님께서 주신 양심의 법이 문자화된 것이 율법입니다. 율법은 하나님께서 주신 것이기에 선한 것입니다. 율법을 통해서 하나님이 우리에게 원하시는 것이 무엇인지를 알 수 있습니다. 그러나 이 율법을 다 지킬 수 없기에 우리는 율법을 통해서 구세주를 소망합니다. 즉 율법은 우리가 죄인인 것을 깨닫게 하며 구세주의 필요를 알게 하고 대속의 은혜를 깨닫게 합니다. 율법은 죄가 더욱 죄 되게 할 뿐이며, 십자가의 은혜만이 우리를 구속할 수 있음을 알게 합니다. 성령의 사람은 하나님의 계명을 기뻐하고 지키기를 소망하는 자가 됩니다.

질문

문 1 율법의 목적은 무엇인가요?
답 1. 2. 9.

문 2 율법을 지켜야 하는 이유는 무엇인가요?
답 6.

문 3 율법을 부인하면 어떻게 되나요?
답 1. 8.

제 7 장

죄에 관하여

1. 성경에서 말하는 죄의 교리란 무엇인가요?

답 1) 죄란 그리스도 안에 있는 하나님의 모든 뜻과 정반대되는 것입니다.
2) 죄는 하나님의 소유를 훔치는 것입니다.
3) 하나님의 얼굴에 침을 뱉는 것입니다.
4) 하나님의 영광에 합당치 않게 사는 것입니다.
5) 죄는 특정한 행위의 죄를 짓는 것이 아니라, 하나님을 영화롭게 하지 않는 것이며 하나님을 위해 살지 않는 것입니다.

설명 죄에 빠진 인생은 재난을 맞이하게 되어 있습니다.
1) 죄는 고의적입니다.
2) 죄가 도덕을 손상시키고 타락하게 합니다.
3) 죄는 역겹습니다.

우리가 사는 이 땅의 통치자들과 권세들, 이 세상 어둠의 주관자들, 하늘의 사악한 영들이 있어 우리를 꼬드기고 살살 달래어 마침내 우리를 쓰러트리려 합니다.

죄과: 의지적이며 의도적인 불순종.

죄악: 일그러지거나 왜곡된 행위.

죄: 과녁을 빗나가는 것, 목표에 미달되는 것, 하나님의 뜻과 다른 존재가 되는 것, 목표를 떠나 이리저리 방황하는 것.

마틴 로이드 존스는 "고백하지 않은 죄가 더러 남아 있거나 회개하지 않거나 하는 사람은 그리스도인이 아니다"라고 합니다.

> **질문**
>
> 여러분은 하나님을 알고 있습니까?
> 하나님을 사랑하고 있습니까?
> 하나님을 즐거워하고 있습니까?
> 하나님을 기쁘게 하며 그의 영광과 존귀를 위해 사는 일에 관심을 쏟고 있습니까?
> 하나님께서는 이러한 목적을 위해 살지 않는 사람은 전부 더러운 죄인임을 말씀해 주십니다.
>
> 마틴 로이드 존스의 《회개》 중에서

2. 선악과를 먹고 나서 인간은 어떻게 되었나요?

답 선악을 알게 되었습니다. 그러나 그 선악을 아는 것은 하나님께서 아시는 정도의 지식이 아니었습니다. 하나님께서는 악을 미워하시고 악을 멸하시는 분입니다. 그러나 인간은 선악과를 먹음으로 악의 영향을 받게 되었습니다. 인간은 태어나면서부터 이미 악의 영향 아래 살게 된 것입니다. 인간은 악을 알았지만 계속 무지한 상태로 살게 되면서 선악과를 먹은 후에 오히려 비참해졌습니다.

마틴 로이드 존스의 《창세기에 나타난 복음》 중에서

3. 타락으로 인해 어떤 결과가 나타났습니까?

답 육체를 의식하게 되었고, 죄의식을 가지게 되었으며, 영적인 죽음을 맞이했으며, 자연과 새로운 관계가 형성되었고, 도덕적 성품에 왜곡이 생겼습니다. 그리고 결국 죄의 삯인 육체적 죽음을 맞이하게 되었습니다.

마틴 로이드 존스의 《성부 하나님과 성자 하나님》 중에서

4. 성경에 나타난 하나님과 인간의 관계는 어떠했나요?

답 인간은 하나님을 떠나 스스로 살려고 했고, 인간 스스로 신이 되었습니다. 그 신들은 서로 싸웠고, 그 결과 세상은 죄악에 빠졌습니다. 그러나 하나님은 자신을 위한 백성, 자신에게 속한 백성을 만들려 했습니다. 그리고 하나님께 순종하는 자들을 만드셨습니다.

마틴 로이드 존스의 《창세기에 나타난 복음》 중에서

5. 기독교는 왜 그렇게 죄에 대해 강조하나요?

답

1) 죄를 깨닫는 것이 기독교 신앙의 특징입니다. 이것이 사이비 종교와 다른 점입니다.

2) 진정한 그리스도인은 죄를 깨닫기 때문입니다. 그러나 종교인은 그렇지 않습니다.

3) 신약 자체가 죄 깨닫기를 항상 첫 자리에 두기 때문입니다.

4) 주님이 가장 먼저 하신 일이 회개를 강조했습니다(마 4:17).

마태복음 4:17 "이때부터 예수께서 비로소 전파하여 이르시되 회개하라 천국이 가까이 왔느니라 하시더라."

5) 성령이 가장 먼저 하신 일이 죄를 깨닫게 하는 일이었습니다(행 2:37-38; 딤전 1:15; 롬 7:24).

사도행전 2:37, 38 "그들이 이 말을 듣고 마음에 찔려 베드로와 다른 사도들에게 물어 이르되 형제들아 우리가 어찌할꼬 하거늘 베드로가 이르되 너희가 회개하여 각각 예수 그리스도의 이름으로 세례를 받고 죄 사함을 받으라 그리하면 성령의 선물을 받으리니."

6) 무엇보다 구원자이신 주님은 우리를 죄로 인한 정죄와 죄책으로부터, 하나님의 진노와 저주로부터, 그리고 사망의 권세와 죽음과 죽음의 두려움으로부터 우리를 구

원해 주셨습니다.

마틴 로이드 존스의 《생수를 누려라》 중에서

6. 세상에서 일어나는 모든 재앙의 원인은 무엇입니까?

답 죄입니다. 재앙은 죄와 죄에 대한 형벌입니다. 하나님께서는 인간의 죄악이 최고 수위에 이르면 행동을 개시하십니다(노아 시대의 홍수, 소돔과 고모라, 예루살렘 멸망과 열방들의 멸망이 그 예입니다). 그리고 이러한 세상의 재앙들은 앞으로 일어날 최종적인 재앙의 예표입니다.

설명 죄를 가벼이 여기면 구원도 피상적이 되고 그리스도인의 삶도 피상적이 됩니다. 믿는 자에게 나타나는 가장 중요한 표식은 자신이 죄인이라는 사실을 깨닫고 회개하는 것입니다.

마틴 로이드 존스의 《창세기에 나타난 복음》 중에서

7. 인간이 가질 수 있는 가장 복된 지식은 무엇입니까?

답 우리 죄가 용서되었음을 알며, 이것을 알기에 우리는 양심의 평안과 안식을 얻습니다.

마틴 로이드 존스의 《생수를 나누라》 중에서

8. 주님이 십자가에서 죽으심으로 모두 죄 사함을 얻었는데 왜 율법(도덕법)을 지켜야 하나요?

답 하나님의 거룩함을 갖게 되었기 때문입니다.

설명 율법의 진정한 목적은?

1) 하나님의 거룩함과 그분의 죄를 향한 증오, 죄를 심판하고자 하는 그분의 의지를 드러내는 것입니다.
2) 율법은 "죄로 심히 죄 되게"(롬 7:13) 하는 모습을 보여 줍니다.
3) 율법을 통해서 내가 죄인임을 깨닫게 하는 것입니다.
4) 성령의 사람은 억지로가 아니라 기쁨으로 율법을 지키고자 하는 거룩한 성향이 나타납니다.

롬 7:13 "그런즉 선한 것이 내게 사망이 되었느냐 그럴 수 없느니라 오직 죄가 죄로 드러나기 위하여 선한 그것으로 말미암아 나를 죽게 만들었으니 이는 계명으로 말미암아 죄로 심히 죄 되게 하려 함이라."

마틴 로이드 존스의 《위로》 중에서

9. 하나님은 죄를 지은 자를 벌하시지 않는 것 같은데 왜 그런가요?

답 하나님은 죄를 미워하십니다. 또한 하나님의 공의를 드러내시기 위해서 죄를 벌하십니다.

단 하나님께서 죄를 벌하시는 방법 중 하나는, 죄를 제어하지 않는 것도 있습니다.

우리의 죄가 스스로 작용하여 필연적인 결과인 고난과 고통으로 이어지도록 내버려 두셨습니다.

이것이 하나님의 심판입니다. 이것을 '유기'(버려둠)라고도 합니다.

설명 성경은 시편 73편, 그리고 베드로후서 3장 7절 말씀을 통해서 하나님께서는 당신의 섭리와 작정으로 죄인들의 형통을 허락하시기도 하지만 마지막 날에는 심판이 있을 것이며, 하나님의 날 하나님의 때에 그들을 멸하실 것임을 말씀하십니다.

시 73:20 "주여 사람이 깬 후에는 꿈을 무시함같이 주께서 깨신 후에는 그들의 형상을 멸시하시리이다."

벧후 3:7 "이제 하늘과 땅은 그 동일한 말씀으로 불사르기 위하여 보호하신 바 되어 경건하지 아니한 사람들의 심판과 멸망의 날까지 보존하여 두신 것이라."

마틴 로이드 존스의 《위로》 중에서

10. 믿는 사람은 다시는 죄를 짓지 않나요?

답 믿는 자도 죄를 지을 수 있습니다.

설명 성경은 거듭난 사람이 다시는 죄를 지을 수 없다고 가르치지 않습니다. 성경은 완벽주의를 가르치지 않습니다. 거듭난 사람은 비록 멀리 갈 수 있다 할지라도 아주 멀리 가지는 않습니다. 하나님은 결단코 성도를 아주 방황하도록 내버려두지 아니하실 것입니다(시 73:16, 17). 타락에 빠진 낙심자마저도 하나님께서 사랑하십니다(시 40:2). 그리스도인의 삶에서 우연한 일은 하나도 없습니다. 처음으로 돌아가고 하나님의 은혜로 돌아가십시오. 모두 다 하나님의 은혜입니다.

시편 73:16, 17 "내가 어쩌면 이를 알까 하여 생각한즉 그것이 내게 심한 고통이 되었더니 하나님의 성소에 들어갈 때에야 그들의 종말을 내가 깨달았나이다."

마틴 로이드 존스의 《믿음의 시련》 중에서

11. 믿는 사람은 왜 죄를 계속 짓지 않나요?

 죄를 짓습니다. 그러나 죄를 계속해서 짓지는 않습니다(요일 5:17, 19). 이것이 믿는 자와 믿지 않는 자의 차이입니다.

왜냐하면 새 생명의 씨가 그 사람 속에 있기 때문입니다. 우리 안에 있는 성령의 능력이 우리로 하여금 그리스도인의 삶을 살지 않고는 못 배기게 합니다. 성령은 항상 우리를 추적하십니다. 그러나 이것은 우리가 이루는 것이 아닙니다. 그분의 능력입니다. 그러기에 우리는 우리가 행한 선한 것에 대해서도 자랑할 것이 없습니다.

설명 인간은 감정이 상할 때가 있습니다. 그럴 때 이성을 통해서 감정을 통제해야 합니다. 그리고 이성으로 무엇이 옳은 결정인지를 분석해야 합니다.

요일 5:17, 19 "모든 불의가 죄로되 사망에 이르지 아니하는 죄도 있도다, 또 아는 것은 우리는 하나님께 속하고 온 세상은 악한 자 안에 처한 것이며."

마틴 로이드 존스의 《생명수》 중에서

12. 사람은 죄인입니다. 그런데 어떻게 의롭게 될 수 있나요?

답 우리가 죄인인지 아닌지는 우리의 행동으로 결정되는 것이 아니고 하나님과 우리의 관계에 의해 결정됩니다.

설명 우리가 죄인인 것은 아담과 하와의 원죄가 우리에게 전가되었기 때문입니다. 마찬가지로 두 번째 아담이신 예수 그리스도의 의가 우리에게 전가됨으로 믿는 자는 의롭게 되는 것입니다.

마틴 로이드 존스의 《영적 침체》 중에서

13. 죄를 짓는 이유는 무엇입니까?

답 마귀에게 속했기 때문입니다(요 8:44; 마 15:19; 요일 3:8).

요일 3:8 "죄를 짓는 자는 마귀에게 속하나니 마귀는 처음부터 범죄함이라 하나님의 아들이 나타나신 것은 마귀의 일을 멸하려 하심이라."

마틴 로이드 존스의 《생명수》 중에서

14. '예수를 믿는다'고 하는데도 계속 죄를 짓습니다. 왜 그럴까요?

답 1) 죄와 불순종이 삶에 있기 때문입니다. 고의적으로 죄를 지으면서 축복을 간구한다고 하면 아무 소용이 없습니다.

2) 자기 만족 때문입니다. 즉 자기 신뢰와 자기 의지 때문입니다. '더 필요한 게 있는가? 모든 것이 괜찮다'고 느끼는 순간부터 우리는 하나님을 의지하지 않게 됩니다.

3) 무지와 맹신 때문입니다. 성경의 가르침을 깨닫지 못하는 것입니다.

4) 불신앙 때문입니다.

5) 하나님의 약속이 우리에게 가능하다고 믿지 않기 때문입니다.

6) 특별한 삶은 특별한 사람에게만 국한된 것이라고 생각하는 잘못된 신앙 때문입니다.

7) 숙명론과 같은 '나는 그렇지 뭐' 하는 죄된 가르침을 따르기 때문입니다.

8) 두려움 때문입니다. 결과에 대한 두려움, 조소에 대한 두려움, 조롱에 대한 두려움, 비웃음에 대한 두려움 때문입니다.

마틴 로이드 존스의 《하나님을 아는 기쁨》 중에서

15. 그러면 누가 죄를 깨닫게 되나요?

답

1) 경건한 사람이 죄를 깨닫습니다.

2) 경건한 사람은 하나님의 뜻대로 하는 근심을 합니다.

3) 경건한 사람은 부패한 옛사람을 강하게 느낍니다.

4) 경건한 사람은 자신의 악함을 깨닫는 데서 더 깊이 내려갑니다(마 9:12-13).

5) 하나님께 가까이 갈수록 죄를 더 깊이 깨닫습니다.
6) 가장 중요한 관계는 하나님과 우리와의 관계입니다.

마틴 로이드 존스의 《생수를 누리라》 중에서

16. '죄를 깨닫는다'는 의미는 무엇입니까?

답

1) 우리의 본성 자체가 죄로 가득하다는 사실을 깨닫는 것입니다(롬 7:9, 14, 23, 24).
2) 하나님께 범죄했다는 것을 깨닫는 것입니다(시 51:3, 4). 이렇게 죄의 본질은 하나님과의 인격적 관계입니다. 죄라는 것을 그분과의 관계를 파괴한 행위로 보기 전에는, 죄를 깨달은 것이 아닙니다.
3) 진정으로 죄를 깨닫기 전에는 죄를 깨달은 것이 아닙니다.
4) 하나님의 자비와 용서의 필요성을 깨닫습니다(눅 18:13).
5) 거룩함이 행복보다 먼저인 삶을 살게 됩니다(시 51:10).

설명 그리스도인은 극도로 비참한 존재인 동시에 극도로 행복한 존재입니다.

마틴 로이드 존스의 《생수를 누리라》 중에서

17. 하나님이 내 죄를 용서해 주신다는 확신이 없습니다. 어떡하면 좋죠?

답 1) 죄의 용서를 확신하지 못한다면 하나님을 노엽게 하는 것이며, 그렇게 할 권리가 우리에게는 없습니다(요 14:1).

요한복음 14:1 "너희는 마음에 근심하지 말라 하나님을 믿으니 또 나를 믿으라."

2) 예수님은 위안 없이 그냥 두지 않겠다고 하셨습니다. 성령을 주십니다.

3) 하나님과 진정한 관계를 유지한다면 그 누구도 빼앗아 갈 수 없는 평안을 가지게 됩니다. 그것을 만끽하는 것이 우리의 본분입니다(렘 29:11).

예레미야 29:11 "여호와의 말씀이니라 너희를 향한 나의 생각을 내가 아나니 평안이요 재앙이 아니니라 너희에게 미래와 희망을 주는 것이니라."

마틴 로이드 존스의 《하나님을 아는 기쁨》 중에서

18. 전쟁에 관한 성경적 관점은 무엇인가요?

답 1) 전쟁은 그 자체로 죄가 아니라 죄의 결과이며, 죄가 표현된 한 가지 모습입니다.

2) 사람들이 자신들의 죄의 결과를 징벌로써 감당하도록 하려는 것입니다(갈 6:7). 모든 징벌은 다음 세상으로 미뤄지지 않습니다.

3) 전쟁을 통해서 이전에 행했던 일, 즉 죄의 실체가 무엇인지를 똑똑히 보여 주시려는 것입니다.

4) 우리로 하나님께 돌아가도록 하시려는 하나님의 섭리인 것입니다(시 107:6, 13).

시편 107:13 "그들이 그 환난 중에 여호와께 부르짖으매 그들의 고통에서 구원하시되."

설명 중요한 질문은 '왜, 하나님은 이 전쟁을 허용하시는가?'가 아니라 '우리는 진정 교훈을 얻었는가? 이런 결과를 초래한 우리 마음의 죄와 인류의 죄에 대하여 하나님 앞에 참으로 회개하고 있는가?'입니다.

마틴 로이드 존스의 《전쟁과 하나님의 주권》 중에

내용 요약

선악과를 따먹음으로 선악을 알게 된 인간의 선악에 대한 지식은 하나님의 지식과는 차원이 다른 낮은 지식입니다. 하나님과의 약속 파기는 결국 죽음이었으며, 죽음의 결과가 인간만이 아니라 모든 자연에 영향을 미쳤습니다. 죄의 결과 많은 재앙을 가져왔습니다. 그러나 하나님은 인간에게 용서받을 수 있는 길을 예비하셨으며, 예수 그리스도를 통해 하나님의 의를 만족하시고 인간을 주님의 십자가의 공로로 사해 주셨습니다. 그리하여 인간은 예수 그리스도를 믿음으로 영원한 삶을 살게 되었으며, 죄를 미워하는 거룩한 성향을 소유하게 되었습니다.

질문

문 1 죄란 무엇인가요?
답 1.

문 2 타락의 결과는 무엇인가요?
답 3.

문 3 세상에서 일어나는 모든 재앙의 원인은 무엇인가요?
답 6.

문 4 왜 율법(도덕법)을 지켜야 하나요?
답 8.

문 5 하나님은 왜 죄를 지은 자를 벌하시지 않는 것 같죠?
답 9. 18.

문 6 믿는 사람도 다시 죄를 짓나요?
답 10. 11. 12.

문 7 누가 죄를 깨닫나요?
답 15. 16.

문 8 죄사함 받은 것에 대한 확신은 어떻게 얻을 수 있나요?
답 17.

제8장

사탄에 관하여

1. 마귀의 목표는 무엇인가요?

답 마귀의 목표는 사람들이 하나님께 나아가지 못하도록 막는 것입니다.

마틴 로이드 존스의 《너희 하나님을 보라》 중에서

2. 사탄은 모든 존재를 이기는지요?

답 아닙니다. 오직 하나님과 예수 그리스도 그리고 성령님에게는 집니다.

마틴 로이드 존스의 《생수를 마셔라》 중에서

3. 왜 세상은 이렇게 혼란스럽고 무서운 세상이 되었나요?

답 인간 뒤에 숨어 있는 사탄 때문입니다(엡 6:12).
설명 사탄은 매우 강한 힘을 가지고 있으며 또한 간교합니다. 사탄은 인간의 마음을 간섭할 뿐만 아니라 사람의 욕망까지도 좌우합니다. 인간의 의지를 다스립니다(요일 3:8).

마틴 로이드 존스의 《십자가》 중에서

4. 구원 받았는데 평강이 없어요? 왜 그럴까요?

 사탄은 우리의 구원을 빼앗아 갈 수 없습니다. 그러나 우리를 비참하게 만들 수는 있습니다. 사탄은 우리의 평강을 도둑질해 갈 수도 있습니다. 우리가 마귀에게 기울어질 만큼 어리석으면 그놈은 우리의 구원의 즐거움과 평강을 극도로 제한시킬 수 있습니다. 낙심하도록 하는 것은 죄입니다.

마틴 로이드 존스의 《영적 침체》 중에서

5. 천사들의 역할은 무엇인가요?

답 1) 하나님과 어린 양을 찬양합니다(계 5:11-14; 사 6:3).

2) 하나님의 목적을 계시합니다(삿 6:21).

3) 성도를 섬기는 일을 합니다(히 1:14).

4) 성도를 보호합니다(시 91:10-11).

5) 안전한 길로 인도합니다(행 8:26).

6) 격려하고 위로합니다(행 27:23-24).

7) 성도를 구해냅니다(행 12:7).

마틴 로이드 존스의 《성부 하나님과 성자 하나님》 중에서

내용 요약

공중 권세 잡은 사탄은 마지막 날 심판을 받아 영원한 불못에 들어가게 될 것입니다(계 20:10). 그러나 그러기까지 사탄은 공중 권세 잡은 자로서 인간을 유혹하고 미혹하여 죄악에 빠지게 하던지 구원의 기쁨을 누리지 못하게 합니다. 또한 세상을 악하게 하여 하나님으로부터 멀어지게 합니다.

질 문

문 1 마귀의 목표는 무엇인가요?
답 1.

문 2 세상은 왜 이리 혼란하게 되었는지요?
답 3.

문 3 구원받은 자인데 평강이 없는 이유는 무엇 때문인지요?
답 4.

제9장

복음에 관하여

1. 복음이란 무엇인가요?

답 예수 그리스도께서 인류에게 가져다준 구원에 관한 기쁜 소식입니다(롬 1:16). 하나님의 아들 예수께서 인간들을 죄에서 구원하시기 위해 이 땅에 오셔서 십자가에 대신 죽으시고(벧전 2:24), 사망 권세를 이기고 3일 만에 다시 부활하셨습니다(벧전 2:24; 골 1:20). 그러므로 누구든지 그를 믿는 자마다 영생을 얻을 수 있다는 복된 소식이 복음입니다(요 3:16; 행 16:30, 31; 롬 10:9).

설명 아담의 죄가 인간에게 전가되어 모두 죄인이 된 것처럼, 예수 그리스도의 의가 우리에게 전가됨으로 우리는 그리스도 안에서 그분의 보혈의 공로를 의지하여 의인이 되었습니다. 즉 예수님이 십자가에서 인간의 죗값을 대신 치르심으로 하나님이 원하시는 의를 다 이루셨습니다. 이제 더 이상 필요한 것도 요구되는 것도 없습니다. 예수님이 사망 권세를 이기고 부활하신 것은 예수님이 죄가 없으신 분이라는 증거입니다.

성자 하나님이 동정녀의 몸을 통해 이 땅에 오셔서 우리의 죄를 사하시기 위해 대신 고난 당하신 것입니다. 우리 죄를 위한 희생 제물이 되신 것입니다. 예수 그리스도가 하나님과 율법의 요구를 이루심으로 인간은 예수님을 통해 하나님과의 관계가 회복되었습니다. 그분은 부활하셨고, 승천하셨으며, 지금은 하나님의 우편에 계시고, 영광의 주로 심판의 주로 재림하실 것이며, 자기 백성에게 새 하늘과 새 땅과 새 예루살렘을 주시며 영원히 그곳에서 함께하실 것입니다. 이것이 복음입니다.

마틴 로이드 존스의 《위로》 중에서

2. 복음의 목적은 무엇인가요?

1) 우리를 하나님과 화해시키는 것입니다(고후 5:19). 진리를 아는 지식으로 우리를 인도하며 우리를 하나님과 화해시킵니다.

고린도후서 5:19 "곧 하나님께서 그리스도 안에 계시사 세상을 자기와 화목하게 하시며 그들의 죄를 그들에게 돌리지 아니하시고 화목하게 하는 말씀을 우리에게 부탁하셨느니라."

2) 복음은 하나님에게서 왔습니다(롬 1:2; 갈 3:8).

로마서 1:2 "이 복음은 하나님이 선지자들을 통하여 그의 아들에 관하여 성경에 미리 약속하신 것이라."

갈라디아서 3:8 "또 하나님이 이방을 믿음으로 말미암아 의로 정하실 것을 성경이 미리 알고 먼저 아브라함에게 복음을 전하되 모든 이방인이 너로 말미암아 복을 받으리라 하였느니라."

3) 예수 그리스도가 누구인지를 알려줍니다. 그분은 유일무이한 분으로 하나님과 함께 하셨습니다. 그분은 하나님이십니다. 언제나 하나님과 함께 계십니다. 주님께서는 하나님을 아시며, 우리에게 하나님을 알리려고 이 땅에 인간의 몸을 입고 오셨습니다.

마틴 로이드 존스의 《생명수》 중에서

3. 복음이 하는 일은 무엇인가요?

답 우리를 죄에서 구원하는 것입니다.

마틴 로이드 존스의 《창세기에 나타난 복음》 중에서

4. 복음의 주제는 무엇인가요?

답 복음의 주제는 복되신 성삼위 하나님이십니다. 성부 하나님, 성자 하나님, 그리고 오직 하나님이 "성령으로 이것을 우리에게 보이셨으니"(고전 2:10)라는 말씀이 가르치는 대로 성령 하나님이 복음의 주제입니다.

설명 복음은 인간이 아니라 하나님에 대해 말씀합니다. 나사렛 예수입니다. 하나님께서 자신의 영을 우리에게 보내심으로써 우리가 전에는 결코 가질 수 없었던 영적 지각을 갖게 되며, 그로 인해 그리스도의 마음을 갖게 됩니다. 이것이 복음입니다.

마틴 로이드 존스의 《영광을 바라보라》 중에서

5. 기독교의 중요 메시지는 무엇인가요?

 사탄이 결박될 뿐 아니라 완전히 멸망할 날이 오고 있습니다. 그날이 오면 죄와 악은 사라질 것입니다. 여자의 후손이 그 머리를 상하게 할 것입니다. 하나님께서는 그리스도 안에서 마침내 완전히 승리를 거두실 것이며, 마귀는 모든 권세와 힘을 박탈당하고 빼앗길 것입니다.

마틴 로이드 존스의 《창세기에 나타난 복음》 중에서

6. 왜 복음을 믿어야 하나요?

 1) 복음은 하나님의 메시지이기 때문입니다.
2) 복음은 하나님의 능력이기 때문입니다. 영원한 생명을 주고, 모든 원수를 정복합니다.

3) 아직 성취되지 않은 하나님의 약속이 반드시 성취될 것이기 때문입니다.

마틴 로이드 존스의 《너희 하나님을 보라》 중에서

7. 왜 우리가 여전히 복음을 믿어야 하나요?

답 1) 하나님은 변함이 없으시기 때문입니다.
2) 인간은 변하지 않았기 때문입니다.
3) 성경에서 말씀하는 구원의 길보다 더 나은 것이 없기 때문입니다.

설명 인간의 삶에 있어서 궁극적인 문제는 이 세상을 살아가는 동안 영원 속에서 하나님과 어떤 관계를 가지느냐입니다. 왜냐하면 하나님께서는 영원하며 변하지 않는 절대자이시기 때문입니다.

예수님은 하나님을 완전하고도 최종적으로 계시하시는 분입니다. 주님과 주님의 삶과 가르침이 우리가 어떤 존재가 되어야 하며 어떻게 살아야 하는지를 가르쳐 줍니다. 주님의 십자가의 죽음과 십자가를 통해서만 세상의 죄가 최종적으로 드러나고 정죄 당한다는 것을 보여 줍니다. 인간이 하나님과 화목할 수 있는 유일한 길은 오직 주님뿐입니다. 오직 주님으로 말미암아 우리는 새 생명을 얻어

새롭게 살 수 있습니다. 오직 주님으로부터 능력을 받을 때 우리가 하나님께서 원하시는 삶을 살 수 있습니다.

마틴 로이드 존스의 《타협할 수 없는 진리》 중에서

8. 복음을 전해야 할 이유는 무엇입니까?

1) 인간은 영적으로 죽었으며 하나님을 모릅니다(시 14:1; 요 17:25; 고전 2:14; 롬 8:7).

2) 인간은 하나님의 진노와 심판과 거룩한 율법 아래 있습니다(롬 3:19-23; 엡 4:18-19).

3) 인간은 죄의 권세 아래 있습니다.

4) 그리스도만이 우리를 구원하십니다(눅 19:10).

5) 주님의 구원은 충만하며 완전하며 완벽합니다(눅 4:16-21; 요 19:30; 엡 3:8, 18-19; 고전 1:30).

6) 구원은 그분 안에 있습니다.

7) 그를 믿어 구원을 얻습니다.

8) 그런 성도는 성화를 소망합니다.

마틴 로이드 존스의 《생수를 구하라》 중에서

내용 요약

복음이란 창세 전에 이미 예정하신 것으로(창 3:15), 예수 그리스도가 동정녀의 몸을 통해 이 땅에 오셔서(사 7:14), 우리 죄를 사하시기 위해서 대신 고난 당하시고 죽으신 것을 말합니다. 그 주님이 사망 권세를 이기고 부활하심으로써 그분의 의가 인정되고, 그분의 의가 믿는 자들에게 전가됩니다. 부활하신 주님이 승천하신 후 하나님 우편에 계시다가(시 110:1), 마지막 날 심판의 주로 이 땅에 재림하셔서 심판하시고, 심판 후 새 하늘과 새 땅에서 상속자로서 예수 그리스도를 구세주로 믿고 고백하는 자들과 함께 영원히 하나님을 찬양하는 삶을 살아가게 됨이 복음입니다.

질문

문1 복음이란 무엇인가요?
답 1.

문2 복음의 목적은 무엇인가요?
답 2. 3.

문3 복음의 주제는 무엇인가요?
답 4.

문4 왜 복음을 믿어야 하는지요?
답 6.

문5 왜 복음을 전해야 하나요?
답 7.

제 10 장

구원에 관하여

1. 구원 교리에 대하여 알고 싶습니다.

답
1) 구원은 전적으로 하나님의 일입니다.
2) 구원은 전적으로 은혜로 말미암아 생깁니다.
3) 구원은 창세 전에 계획되었습니다.
4) 구원은 삼위 하나님의 협의 가운데 이루어졌습니다.
5) 구원은 확실하고 완벽한 계획입니다.
6) 구원 계획은 반드시 성취됩니다.
7) 구원 계획은 사람에게뿐 아니라 만물에게도 적용됩니다.
8) 구원 계획의 중심은 예수 그리스도이십니다.
9) 구원 계획은 언약을 통해 인류에게 계시되었습니다.

마틴 로이드 존스의 《성부 하나님과 성자 하나님》 중에서

2. 구원 받으라고 하는데 '구원'의 의미가 무엇인가요?

답 하나님과의 화해입니다. 이것이 구원의 시작이자 끝입니다.

설명 구원은 하나님과의 관계에서 이해되어야 합니다. 행복해지는 것보다 더 중요한 것은 거듭나는 것이며 하나님과 화해하는 것입니다. 구원의 본질은 주 예수 그리스도를 통한 하나님과의 관계 회복이며, 하나님을 아버지로 알게 되

는 것입니다.

마틴 로이드 존스의 《생수를 누리라》 중에서

3. 구원 받은 증거를 어떻게 알 수 있나요?

답 회개했다면 구원 받은 것입니다. 회개는 자신의 '죄성에 대한 고백' 혹은 '죄의 자각'입니다. 회개는 선택이 아니라 필수입니다.

설명 구원 받은 자는 성경의 말씀들을 통해서 알게 됩니다. 성령이 내 안에서 확신을 줍니다. 구원 받은 자는 성령에 붙들린 삶을 삽니다. 구원은 하나님에 관한 지식을 회복하는 것이 아니라 하나님을 아는 것입니다.

마틴 로이드 존스의 《회개》 중에서

4. 구원이 위대한 이유는 무엇인가요?

답 1) 구원의 출처나 기원이나 내력이 모두 위대하기 때문입니다. 성삼위 하나님께서 구원을 이루셨기 때문입니다.
2) 우리를 크고도 끔찍한 불행에서 구원하기 때문입니다 (히 2:3).

3) 지극히 위대한 것(하나님 나라)을 향해 또한 그것을 위해 우리를 구원하기 때문입니다(히 2:17).

마틴 로이드 존스의 《영광을 바라보라》 중에서

5. '구원을 받으라' 하는데 그 의미가 무엇입니까?

답

1) 하나님의 율법과 그의 요구로부터 구원 받으라는 것입니다. 주님이 율법을 다 지키셨으므로 우리는 그를 통하여 '의롭다' 함을 받습니다.
2) 죄로 인한 죄책과 하나님의 진노와 저주로부터 구원을 받습니다.
3) 사탄을 비롯한 온갖 악한 권세들로부터 구원을 받습니다.
4) 죽음으로부터 죽음의 두려움으로부터 구원을 받습니다.
5) 이상의 것이 구원을 받은 의미입니다.

마틴 로이드 존스의 《너희 하나님을 보라》 중에서

6. 기독교는 너무 편협하다고 생각하지 않습니까?

답

1) 그 이유는 생각의 범위를 오직 예수 그리스도에게로 한정하기 때문입니다. 오직 하나님과 인간의 관계에만 관

심을 가지기 때문입니다(막 8:36, 37; 마 6:26-30).

2) 기독교는 우리가 살아가는 방식에 초점을 맞추십니다 (십계명, 산상수훈).

3) 율법의 심판 아래 놓인 인간을 구원하실 분은 오직 한 분 예수 그리스도이시기 때문입니다.

4) 그 길만이 생명의 길이기 때문입니다.

요한복음 16:4 "예수께서 이르시되 내가 곧 길이요 진리요 생명이니 나로 말미암지 않고는 아버지께로 올 자가 없느니라."

5) 우리 주님께서만이 모든 것을 가지고 계시기 때문입니다.

주님은 되는 대로 아무렇게나 살라고 하지 않으십니다.

6) 위의 이유 때문에 우리는 좁은 길로 걸어가야 합니다.

마틴 로이드 존스의 《영광을 바라보라》 중에서

내용 요약

　구원은 창세 전에 이미 삼위 하나님의 협의 가운데 이루어졌습니다. 이 복음은 바로 인간의 구원입니다. 죄와 죄책, 하나님의 진노와 저주, 율법의 저주와 사탄의 권세로부터 그리고 사망과 사망의 두려움에서 우리를 구원해 주십니다. 그리고 그 구원은 오직 예수 그리스도로만 가능합니다. 구원을 받지 못하는 인간은 오직 죄와 사망의 권세에 놓여 이 땅에서도 참된 기쁨을 누리지 못하며, 죽어서는 영원히 지옥에서의 비참한 삶을 살게 됩니다.

질문

문 1 구원이란 무슨 뜻인가요?
답 1. 2.

문 2 구원 받은 증거를 어떻게 알 수 있나요?
답 3.

문 3 기독교는 너무 편협하지 않은가요?
답 6.

제 11 장

회개에 관하여

1. 회개했는지는 어떻게 알 수 있나요?

답
1) 우리가 저지른 일의 성격이나 본질이 정확히 어떤 것인지 알게 됩니다.
2) 자신의 삶과 행동이 죄로 오염되었음을 인정합니다.
3) 자신의 삶과 행동이 하나님의 목전에서 그분의 뜻을 거스르고 있음을 깨닫고 고백합니다.
4) 자신의 어떤 변명이나 구실도 내세울 수 없음을 발견합니다.
5) 자신의 본성이 날 때부터 악한 것임을 깨닫고 인식합니다.
6) 하나님께 나아가게 됩니다.
7) 그러한 자는 구원의 기쁨을 맛보게 됩니다.

마틴 로이드 존스의 《회개》 중에서

2. 회개한 사람은 어떤 특징이 나타납니까?

답
1) 먼저 자신을 직시합니다.
2) 그리하여 자신의 죄에 대해 절망에 빠집니다.
3) 용서를 바라는 마음을 가집니다.
4) 자신이 전적으로 무력한 존재라는 자각과 인식을 가집

니다.

5) 하나님을 대하는 태도가 달라집니다.

마틴 로이드 존스의 《회개》 중에서

3. 회개하면 어떤 일들이 생기나요?

1) 하나님에 대한 견해와 생각의 변화가 나타납니다.
2) 죄의식이 생기며 자신의 무가치함에 대한 자각을 합니다.
3) 인생에 대한 관점의 변화가 나타나고, 거룩함을 추구하는 삶을 살아갑니다.
4) 구원을 열망하며 하나님의 긍휼만을 구합니다.

마틴 로이드 존스의 《성령 하나님과 놀라운 구원》 중에서

내용 요약

회개한 자는 자신의 죄를 분명히 알게 됩니다. 그러한 자는 자신은 전적으로 무력한 존재임을 자각하며, 죄에 대한 비통한 마음을 가지며 하나님 앞에 나아가게 됩니다. 죄를 사하실 수 있는 메시아이신 예수 그리스도에게 나아가 그분을 믿습니다. 그리고 그 믿음을 통하여 구원의 기쁨을 맛보며 하나님의 자녀로서 거룩한 삶을 소망하며 삶을 살아갑니다.

질문

문 1 회개했는지는 어떻게 알 수 있나요?
답 1. 2. 3.

제 12 장

중생한 삶에 관하여

1. '거듭난다'는 의미가 무엇입니까?

답

1) 지성의 변화가 일어납니다. 주님을 알며 그분의 목적이 무엇인지 알게 됩니다.
2) 영의 일을 생각합니다(고전 2:16; 롬 8:5). 새 성향이 생깁니다.
3) 성령의 기름 부음을 받습니다(요일 2:20-21). 새 생명이 탄생합니다.
4) 진리 편에 서게 됩니다.
5) 감정(마음)의 변화가 생깁니다(롬 6:17-18).
6) 하나님의 계명을 사랑합니다(시 119:97; 요일 5:3; 요 14:15).
7) 의지의 변화가 일어납니다(딛 2:14). 적극적이 됩니다.
8) 두려워하지 않습니다(롬 8:15).
9) 이러한 변화들이 거듭난 자에게 나타납니다.

마틴 로이드 존스의 《생명수》 중에서

2. 믿는 자는 거듭나야 한다(중생)고 하는데 그 이유는 무엇입니까?

답

1) 중생해야 하는 이유는 하나님께 반역과 죄 된 행위를 일삼는 우리의 본성 때문입니다.
2) 사람은 지혜와 지식이 부족하기 때문입니다.

3) 정결한 마음과 새로운 성품이 필요하기 때문입니다.

4) 이런 자는 하나님의 성품에 참여하게 됩니다.

마틴 로이드 존스의 《회개》 중에서

3. 주님의 '자녀'가 되면 어떤 삶을 살게 됩니까?

1) 성령이 주시는 영광의 자유를 경험합니다.

2) 하나님 가족의 일원이 됩니다(레 26:12).

3) 하나님의 보호와 공급하심을 경험하게 됩니다(눅 12:7).

4) 하나님의 징계를 경험합니다(히 12:6, 11).

5) 상속권을 가지게 됩니다(롬 8:17).

우리는 하나님의 자녀로 입양되기 위해 구원받습니다. 죄 사함을 받습니다. 의롭다고 선포됩니다. 새로운 본성을 받습니다. 우리는 하나님의 자녀요, 하나님의 아들이요, 하나님의 상속자요, 하나님의 독생자와 함께 상속자로 선포됩니다.

6) 이 모든 것이 안전하고 확실한 보증을 얻게 됩니다(롬 8:38-39).

마틴 로이드 존스의 《성령 하나님과 놀라운 구원》 중에서

4. 칭의란 무엇인가요?

답 칭의는 법정적 선언입니다. 주님의 의를 나에게 전가해 주심으로, 주님이 나를 의롭다고 선언해 주시는 것입니다. 따라서 중요한 것은 주님과의 관계입니다.

마틴 로이드 존스의 《성령 하나님과 놀라운 구원》 중에서

5. '성화'(성결)란 의미는 무엇입니까?

답
1) 구분되어 하나님께 드려진다는 것입니다(요 17:19; 고전 6:11; 히 10:10, 14). 불경하거나 부정하거나 불결한 모든 것에서 분리되는 것입니다. 하나님께서 뜻대로 사용하실 수 있도록 우리가 전적으로 하나님께 바쳐지고, 하나님께 드려지는 것입니다.
2) 거룩하게 되는 내적인 변화를 의미합니다. 내적 씻음, 내적 정화, 하나님의 아들의 형상을 닮아가는 것입니다.
3) 선한 일을 행할 수 있도록 하시는 성령의 은혜롭고 계속적인 작용을 말합니다.
4) 성화는 지속적으로 일어나는 성장입니다.

마틴 로이드 존스의 《성령 하나님과 놀라운 구원》 중에서

6. '인 치심을 받으라'고 하는데 이것은 무슨 의미인가요?

답 '인'은 세 가지 중요한 기능을 가지고 있습니다.

1) 어떤 것이 믿을 만하다는 것을 '입증 혹은 보증'하는 것입니다(요 3:33).

2) '소유권'을 의미합니다.

3) 인쳐진 대상을 '안전'하게 만듭니다. 일종의 안전장치입니다.

설명 신자 안에 계신 성령에 대한 것입니다. 성령의 인은 우리가 하나님의 백성임을 입증하고 보증합니다.

마틴 로이드 존스의 《성령 하나님과 놀라운 구원》 중에서

내용 요약

중생한 자는 하늘로부터 난 자입니다. 그러니 중생은 인간의 행위의 결과가 아닌 하나님의 은혜입니다. 이는 자랑하지 못하게 하시기 위함입니다(엡 2:9). 중생한 자는 나를 보는 자가 아니라 하나님을 보는 자가 됩니다. 중생한 자는 새로 태어난 자입니다. 새 마음과 새 육체를 가진 자입니다. 그래서 그들은 보는 것이 달라지게 됩니다. 사는 것이 달라집니다. 생각도 달라집니다. 육체도 달라지게 됩니다. 그래서 입는 것도 먹는 것도 다르게 됩니다. 분명 달라졌다는 것을 알게 됩니다. 만약 그렇지 않다면 중생하지 않은 것입니다.

중생은 회개했다는 것을 의미합니다. 중생은 자신이 죄인임을 깊이 느끼

는 것입니다. 중생은 새 피조물이 되는 것입니다. 중생은 하나님과의 화목을 이루게 됩니다. 중생은 죄 사함을 가장 기뻐하는 것입니다. 중생은 새 하늘과 새 땅을 소망하는 자가 됩니다. 중생은 이 땅을 목적으로 살아가지 않게 합니다. 중생한 사람은 자신을 목적으로 살아가지 않습니다. 중생은 삼위 하나님을 목적으로 살아갑니다. 중생하지 않은 사람은 삶이 바뀌지 않습니다. 중생하지 않았다면 구원의 길을 시작하지 않은 것입니다. 중생을 하지 않으니 신앙생활이 힘이 드는 것이요 삶에 힘이 없는 것입니다.

질문

문1 거듭남의 의미가 무엇입니까?
답 1. 2.

문2 하나님의 자녀가 되면 어떤 결과가 있습니까?
답 3. 6.

문3 성화(성결)란 어떤 의미가 있나요?
답 5.

제 13 장

그리스도인에 관하여

1. 사람에게 주어진 하나님의 형상은 무엇인가요?

답
1) 본질적 자아의 불가시성과 불멸성입니다.
2) 지적, 도덕적 완전함입니다.
3) 몸을 통해 나타나는 하나님의 형상입니다.
4) 피조물에 대한 지배권과 통치권입니다.
5) 하나님의 형상의 본질적 요소는 남아 있지만, 타락으로 인해 도덕적 유사성은 사라졌습니다.

마틴 로이드 존스의 《성부 하나님과 성자 하나님》 중에서

2. 기독교 구원의 목적은 무엇인가요?

답 우리를 하나님께 인도하여 그분과 화해시키는 것입니다.

마틴 로이드 존스의 《생수를 구하라》 중에서

3. 기독교의 목적은 무엇인가요?

답 죄를 사해 주려는 것입니다. 또한 온전히 회복시켜 하나님께 나아가게 하려는 데 있습니다.

마틴 로이드 존스의 《하나님께로 난 사람》 중에서

4. '그리스도인'이란 정의는 무엇입니까?

답 자신의 적나라한 모습을 직면한 후 하나님의 풍성한 은혜를 체험해 다른 사람들도 자신과 같게 되기를 바라는 사람입니다.

마틴 로이드 존스의 《회개》 중에서

5. '그리스도인'이란 누구를 의미하나요?

답 예수 그리스도를 알며, 그에 대한 진리를 아는 사람입니다. 예수가 십자가에서 이루신 바로 그 일을 위해 오셨다는 것을 아는 사람들입니다. 그리스도와 특별한 관계를 맺고 있는 사람들입니다. '주님 한 분만으로 충분합니다. 아니, 충분한 것 그 이상입니다'라고 고백하는 자들입니다.

마틴 로이드 존스의 《너희 하나님을 보라》 중에서

6. '그리스도인'이란 어떤 사람입니까?

답 믿음으로 의롭다 하심을 받고 하나님과 화목하게 된 사람입니다. 예수 그리스도 안에서 구원의 은혜를 받고, 하나님의 영광을 바라보며 기뻐하는 사람들입니다. 그리스도인은 영원을 목격한 사람들입니다.

설명 고후 4:18 "우리가 주목하는 것은 보이는 것이 아니요 보이지 않는 것이니 보이는 것은 잠깐이요 보이지 않는 것은 영원함이라."

마틴 로이드 존스의 《영광을 바라보라》 중에서

7. 내가 그리스도인이라는 것을 어떻게 알 수 있죠?

답
1) 성경의 말씀을 가지고 추론을 통해서 알 수 있습니다.
2) 예수 그리스도와의 관계를 통해서 알 수 있습니다.
3) 성령을 통해서 알 수 있습니다. 성령은 믿는 자에게 예수 그리스도를 개인적으로 알게 합니다(롬 8:15-16).
4) 하나님이 사랑하시고, 용서하시고, 절대로 혼자 두지 않으시고 함께하신다는 것을 성령을 통해 확신하게 됩니다.
5) 영원한 세계를 느끼고 미리 맛보게 됩니다.
6) 이와 같은 것을 느낀다면 그는 그리스도인입니다.

마틴 로이드 존스의 《하나님께로 난 사람》 중에서

8. 내가 하나님의 자녀인 것을 어떻게 확신할 수 있나요?

답

1) 주 예수 그리스도와의 관계입니다.
2) 성부와의 관계입니다. 하나님의 자녀는 자신이 하나님께 속했다는 것을 분명히 압니다. 하나님의 관점에서 삶을 바라봅니다. 하나님의 통제 아래 삽니다.
3) 삼위에 대한 사랑입니다. 흔들릴 때도 있지만, 흔들리는 사랑도 사랑입니다.
4) 삼위에 대한 존경심입니다.
5) 하나님의 가족이라는 것을 자랑스러워합니다.
6) 하나님을 더 알고 싶어 합니다.
7) 삼위가 나를 사랑함에 대하여 기뻐합니다.
8) 삼위에 대하여 더 알고 싶어 합니다.
9) 하나님을 기쁘게 하려는 마음이 있습니다.
10) 그리스도인은 계속해서 죄에 거하지 않습니다. 이따금 잘못을 할지 모릅니다. 그러나 반드시 빠져 나옵니다. 그 상태를 견디지 못합니다. 죄를 짓고 타락한 그리스도인은 비참함을 느낍니다.
11) 이상과 같은 마음이 있다면 그는 하나님의 자녀인 것입니다.

마틴 로이드 존스의 《하나님께로 난 사람》 중에서

9. 그리스도인은 어떤 삶을 살아야 하나요?

답

1) 모든 문제들을 영적으로 대해야 합니다. 그러기 위해서는 교회 안에서 생활해야 합니다.
2) 성경이 우리를 영적으로 생각하게 합니다.
3) '성령 안에서' 기도와 묵상을 해야 합니다.

마틴 로이드 존스의 《믿음의 시련》 중에서

10. 그리스도인은 어떤 기준을 가지고 삶을 살아야 합니까?

답

1) 오직 예수 그리스도만이 교회의 유일한 머리라는 것을 인정해야 합니다.
2) 교회와 관련된 문제의 해결을 위한 유일한 재판관은 오직 하나님의 말씀이라고 믿어야 합니다.
3) 영혼의 생명과 영성을 어떤 제도나 조직 혹은 전통보다 우선해야 합니다.
4) 평안한 삶보다는 신앙의 양심을 더욱 소중하게 여겨야 합니다.
5) 삶은 단지 나그네요 순례의 길이라 여기고 오직 우리를 지켜보시는 하나님을 의식하며 살아야 합니다(골 3:2).

마틴 로이드 존스의 《타협할 수 없는 진리》 중에서

11. 그리스도인의 삶에 있어서 중요한 것은 무엇입니까?

답 1) 우리의 가장 깊고도 중심이 되는 곳에 있는 우리 자신이 하나님과 대면할 때 어떻게 그분 앞에 서 있을 수 있느냐입니다. 즉 하나님의 빛이 우리 온 존재 가운데 퍼져 있느냐입니다.
2) 우리의 삶이 바른 위치에서 하나님과 근본적이고도 중심적인 관계에 있느냐입니다.
3) 하나님과 우리 사이를 화목하게 만들 수 있는 분은 오직 우리 주 예수 그리스도뿐입니다. 하나님을 볼 수 있게 하시는 분도, 하나님을 알 수 있게 하시는 분도 오직 주님뿐입니다.

마틴 로이드 존스의 《타협할 수 없는 진리》 중에서

12. 그리스도인이 진정 체험해야 할 것은 무엇인가요?

답 하나님과 함께하는 것, 하나님과 대화하는 것입니다.
설명 우리는 정말 그분을 갈급해 하고 있습니까? 살아 계신 하나님을 갈망하며, 주 예수 그리스도와 친밀히 교제하는 것을 간절히 바라고 있습니까? 이것이 진정한 그리스도인의 체험입니다.

마틴 로이드 존스의 《믿음의 시련》 중에서

13. 그리스도인의 특징은 무엇인가요? (1)

답

1) 핍박에 넘어지지 않는다는 것입니다(마 5:11, 12; 롬 8:28, 37; 요 16:33; 벧전 1:5).

2) 시험(환난)을 당연한 일로 여깁니다(행 14:22; 빌 1:29; 약 1:2; 벧전 4:12-14, 16; 행 5:41).

3) 넉넉히 이깁니다(고후 4:7-12, 5:17; 롬 8:37-39).

4) 환난을 가벼운 것으로 생각합니다(고후 4:17; 롬 5:3, 4; 약 1:2-3).

5) 이 땅에서의 시간은 영원하지 않다는 것을 알고 있습니다(약 4:14).

6) 환난을 통하여 영혼의 불순물을 제거합니다(히 12:4-10; 고후 4:17).

7) 환난을 통하여 하나님의 나라를 소망합니다(요 14:1, 2).

8) 영원한 복을 소망합니다(고후 4:17).

마틴 로이드 존스의 《생수로 채우라》 중에서

9) 그리스도인은 진지합니다.

10) 어느 누구에게도 없는 기쁨(마음의 평온, 안식)이 있습니다.

11) 평안을 가진 자가 됩니다(요 14:27). 내적 평안과 자유가 있습니다.

12) 낙심하지 않습니다(고후 4:16).

13) 속사람이 날마다 새로워집니다(고후 4:16).

고린도후서 4:16 "우리의 겉사람은 낡아지나 우리의 속사람은 날로 새로워지도다."

14) 지극히 크고 중한 것을 소망합니다(고후 5:1).

마틴 로이드 존스의 《생수를 나누라》 중에서

14. 그리스도인의 특징은 무엇입니까? (II)

답 하나님의 날이 임하기를 바라보고 간절히 사모합니다.

벧후 3:12 "하나님의 날이 임하기를 바라보고 간절히 사모하라."

마틴 로이드 존스의 《생수를 나누라》 중에서

15. 진정한 그리스도인이란 어떤 사람입니까?

답 죄를 깨달은 자입니다. 회개와 세례를 받고, 극한 죄악에 대한 인정과 고백을 한 자입니다.

마틴 로이드 존스의 《생수를 나누라》 중에서

16. 참된 그리스도인은 어떤 사람입니까?

답 하나님의 아들 우리 주 예수 그리스도가 세상에 오신 것이 세상에서 일어난 가장 중요한 사건임을 깨달은 사람입니다.

설명 그리스도인은 거듭난 사람입니다. 그는 성령으로 난 사람, 위로부터 난 사람입니다.

마틴 로이드 존스의 《생수를 나누라》 중에서

17. 참 그리스도인인지 아닌지는 어떻게 구별합니까?

답 예수 그리스도를 말하는 자가 참 그리스도인입니다.

마틴 로이드 존스의 《생수를 나누라》 중에서

18. 참된 그리스도인이 된다는 의미가 무엇입니까?

답 하나님을 향하여서는 절대적인 확신을 가지는 것이며, 나 자신과 내가 할 수 있는 것을 향하여서는 전혀 아무런 확신을 가지지 않는 것입니다.

마틴 로이드 존스의 《믿음의 시련》 중에서

19. 내가 그리스도인이라는 것을 어떻게 확증할 수 있나요?

 1) 예수가 그리스도이심을 믿습니다.
2) 계명을 지킵니다.
3) 성령을 받습니다. 성령과 함께합니다.
4) 형제를 사랑합니다.
5) 육체와 성령의 충돌을 경험하게 됩니다. 결국 성령의 이기심을 경험하게 됩니다.
6) 하나님을 알고자 하는 소망이 생깁니다.
7) 죄를 미워하고 의에 주리고 목말라합니다.
이상의 것들이 있다면 그리스도 안에 있는 하나님의 자녀입니다.

마틴 로이드 존스의 《성령 하나님과 놀라운 구원》 중에서

20. 거룩해지라고 하시는데, 성화의 의미가 무엇입니까?

 그것은 하나님의 아들의 형상을 본받는 것입니다(롬 8:29).
롬 8:29 "하나님이 미리 아신 자들을 또한 그 아들의 형상을 본받게 하기 위하여 미리 정하셨으니 이는 그로 많은 형제 중에서 맏아들이 되게 하려 하심이니라."

마틴 로이드 존스의 《생수를 나누라》 중에서

21. 성화란 무엇인가요?

답 성화란 새로운 출생이며, 새로운 본성이며, 새로운 생명이며, 새로운 시작이며, 천상의 가정에 하나님의 자녀로 입양되는 것이며, 우리 안에서 죄를 제거하시고, 마귀의 일을 멸하시고, 우리를 기다리는 영광을 위해 우리를 조금씩 준비시키시는 성령의 점진적 사역입니다(유 24-25).

마틴 로이드 존스의 《생수를 나누라》 중에서

22. 주님은 당신에게 어떤 의미가 있나요? 다음의 질문을 통해서 알 수 있습니다.

답
1) 주님을 알게 된 것이 가장 큰 일인가?
2) 지금까지 삶에 가장 큰 영향을 미친 것은 무엇인가?
3) 자신과 주님의 관계를 자랑하는가?
4) 그분이 당신을 위해 무엇을 하셨는지 확실히 아는가?
이상의 질문들을 통해 주님과의 관계가 올바른지 알 수 있습니다.

설명 그분을 과거보다 더 잘 압니까? 더 실제적이며 생생합니까? 그분에 대해, 그리고 성경에 대해 더 놀랍니까? 성경에 전율을 느낍니까? 구원에 대한 이해가 더 깊어집니까? 이

것이 그분과의 관계가 올바른지 알아보는 방법입니다.

마틴 로이드 존스의 《생수를 나누라》 중에서

23. 주님은 당신의 미래에도 의미가 있나요? 다음의 질문을 통해 알 수 있습니다.

1) 진정 그분을 섬기며 기쁘게 하는 것을 소망합니까?
2) 미래를 걱정하지 않습니까(롬 8:38-39)?
3) 죽음을 두려워하지 않습니까(고전 15:55)?

마틴 로이드 존스의 《생수를 나누라》 중에서

24. '형제를 사랑하라'고 하시는데 내가 형제를 사랑하는지를 어떻게 알 수 있나요?

1) 형제를 식별할 줄 압니다.
2) 소속감과 일체감을 느낍니다.
3) 자신이 새로운 가족 관계를 맺었다는 것을 통해서 압니다. 그는 서로간에 결속감을 경험합니다.
4) 가족과 같은 관심사를 공유하느냐로 압니다.
5) 그리스도인은 같은 언어를 씁니다. 말 안에 말이 있습

니다.
6) 그리스도인과 함께하는 일을 더 큰 기쁨과 영예와 즐거움으로 느낍니다.
7) 동료 신자들이 성도로서 잘 사는지에 관심을 가집니다.

마틴 로이드 존스의 《하나님께로 난 사람》 중에서

25. 하나님의 은혜의 교리는 무엇인가요?

답
1) 구원하시는 은혜입니다. 하나님의 구원하는 은혜가 먼저 와야 합니다(요 3:16).
   하나님은 자신의 사랑, 자신의 긍휼히 여기심, 하나님의 은혜로만 움직이셨습니다.
2) 제어하시는 은혜(하나님이 붙잡아 주시는 은혜)입니다.
3) 회복시키는 은혜입니다.

마틴 로이드 존스의 《믿음의 시련》 중에서

26. 믿는 자에게 중요한 법칙은 무엇인가요?

답 하나님을 찾고, 하나님께 순종하는 것입니다.
설명 하나님께 순종하지 않으면 그분과의 관계는 깨어집니다.

죄는 하나님과의 연결 고리를 끊어버리고 하나님을 멀리 떠나게 합니다.

마틴 로이드 존스의 《믿음의 사련》 중에서

27. 그리스도인의 삶의 원리는 무엇인가요?

1) 근본적인 변화를 겪는 것입니다. 조금이 아니라 완전히 바뀌는 것입니다.
2) 주님이 결정하고 다스리십니다(눅 9:23). 그분께서는 우리의 삶을 완전히 지배하십니다.
3) 주님의 다스림으로 마음과 시각과 생각이 바뀝니다(고전 2:16; 엡 4:23).
4) 관심사가 바뀝니다(행 2:42, 46).
5) 의지가 바뀝니다.
6) 느낌과 감정이 바뀝니다.

진젠도르프 백작 "내 열정은 하나뿐입니다. 오직 주님, 주님뿐입니다."

마틴 로이드 존스의 《생수를 나누라》 중에서

28. '믿음으로 구원을 받는다'고 하는데, 그러면 믿으면 되는 것입니까?

답 그냥 믿으면 아무 소용이 없습니다. 하나님께 집중해야 합니다. 우리 삶의 최우선순위는 하나님이어야 합니다. 하나님이 열망과 야망의 대상이 되어야 합니다. 가장 큰 야망은 하나님의 영광과 하나님을 앙망하는 것입니다. 주님을 앙망하는 것을 삶의 중심으로 삼아야 합니다.

우리는 믿음으로 구원 받는 것이 아니라 그리스도로 구원 받는 것입니다.

마틴 로이드 존스의 《하나님을 아는 기쁨》 중에서

29. 그리스도인들에게 있어서 가장 슬프고도 비극적인 일은 무엇입니까?

답 신앙인들에게 그들의 신앙이 아무런 유익을 줄 수 없는 것처럼 보일 때입니다.

마틴 로이드 존스의 《전쟁과 하나님의 주권》 중에서

내용 요약

그리스도인이란 회개한 자입니다. 거듭난 자입니다. 성령세례(충만) 받은 자입니다. 새 하늘과 새 땅을 소망하는 자입니다. 이 세상을 목적으로 살지 않는 자입니다. 하나님께 영광 돌리는 것을 기뻐하는 자입니다. 하나님과 화목하게 된 자입니다. 삼위 하나님을 알아가는 것을 최고의 지식으로 아는 자입니다. 그리고 그것을 기뻐하는 자입니다.

새 마음을 가진 자입니다. 이 땅을 목적으로 살지 않는 자입니다. 이 땅의 것으로 만족하지 않는 자입니다. 가족이, 명예가 목적이 아닌 자입니다. 자기 자신이 목적이 아닌 자입니다. 모든 것에 예수 그리스도를 두는 자입니다. 사람의 눈(귀, 입)보다는 하나님의 눈(귀, 입)을 두려워하는 자입니다.

죽음을 두려워하지 않는 자입니다. 그러나 죽음을 소망하는 자는 아닙니다. 우리는 하나님의 나라를 소망하는 자입니다. 하나님은 영원하신 분이라는 것, 그리고 그분의 뜻도 영원한 것을 아는 자입니다. 그분은 전지하셔서 모든 것을 아시며, 그분은 전능하셔서 모든 것이 그분이 허락하지 않는데 일어나는 것이 없다는 것을 아는 자입니다.

하나님의 작정과 섭리에 의해 세상이 통치된다는 것을 아는 자입니다. 하나님은 나의 힘과 분량을 아셔서 내가 감당할 정도의 일들만 허락하시며, 그 일들 속에서 힘을 주시며 함께 하시는 것을 믿는 자들입니다. 이 모든 일이 나를 위한 것이며 결국 유익이 될 것임을 믿는 자들입니다.

이 세상은 죄악으로 인해 하나님의 심판 중에 있으며, 하나님의 진노 아래 있고, 사탄이 공중 권세를 잡고 있으며 그날 심판 받아 이 땅은 멸망받아 없어질 것이라는 것을 믿는 자들입니다.

마지막 심판이 있음을 믿는 자들입니다. 그리스도인은 자신이 하나님 앞에 있으며 그분의 눈길을 피할 수 있는 곳이 없다는 것을 아는 자들입니다. 성령의 충만으로 인해 하나님의 율법을 즐거워하고 그것을 지키려는 거룩한 열정을 가지게 됩니다. 그리스도의 심장으로 삶을 살며, 내 힘으로는 율법을 지키지 못하는 것을 철저히 깨닫고 죄인임을 자각하고 고백하는 자들입니다. 그러함에도 포기하지 않고 하나님의 율법을 지키는 자들입니다. 삼위일체 하나님만으로 만족하며, 그분으로 인해 기뻐하는 자들입니다. 그분들과의 관계가 모든 관계보다 우선하며 그것만으로 족하다 고백하는 자들입니다.

질문

문 1 기독교의 구원의 목적은 무엇입니까?
답 2. 3.

문 2 그리스도인이란 어떤 사람들인가요?
답 4. 5. 6. 7. 8. 15. 16. 17. 18. 19.

문 3 그리스도인은 어떤 삶을 살아야 하나요?
답 9. 10. 11.

문 4 그리스도인의 특징은 무엇인가요?
답 13. 14.

문 5 성화된 삶을 살아야 하는 이유는 무엇인가요?
답 20. 21.

| 문 6 | 주님은 당신에게 어떤 의미가 있나요? |
| 답 | 22. 23. |

| 문 7 | 그리스도인에게 있어서 삶의 원리는 무엇인가요? |
| 답 | 27. |

| 문 8 | 믿으면 구원을 받는다고 했는데, 그러면 믿으면 다 되는 것인가요? |
| 답 | 28. |

| 문 9 | 그리스도인에게 있어서 가장 큰 비극은 무엇인가요? |
| 답 | 29. |

제 14 장

삶에 관하여

1. 인생에 있어서 가장 중요한 것은 무엇인가요?

> **답** 하나님을 만나는 법을 아는 것입니다.
>
> 마틴 로이드 존스의 《회개》 중에서

▶ **웨스트민스터 소요리문답**
제1문 사람의 가장 중요한 목적은 무엇입니까?
답 하나님을 영화롭게 하고 또한 영원토록 그를 즐거워하는 것입니다.

▶ **제네바 교회 요리문답**
제1문 인간의 삶의 제일되는 목적은 무엇입니까?
답 하나님을 아는 것인데, 이는 인간이 하나님에 의해 창조되었기 때문입니다.

▶ **하이델베르크 요리문답**
제1문 살아서나 죽어서나 당신의 유일한 위로는 무엇입니까?
답 그리스도에게 속해 있다는 것입니다.

2. 평강의 삶을 살기 위해서는 어떻게 해야 하나요?

답 인간의 평강은 죄와 죄책 그리고 사망의 권세로 인한 두려움에서 해방될 때 가능합니다.

설명 바로 그것은 하나님과의 관계 회복에 있습니다. 하나님과 화목할 때 우리는 죄와 죄책 그리고 사망의 권세와 두려움에서 해방을 얻게 되는 것입니다. 죄로 인한 죄책과 하나님의 진노와 저주에서 해방되는 것입니다.

그리고 그 일을 가능하게 하시는 분이 우리의 죄와 죄책 그리고 죗값으로 인한 사망을 십자가에서 대신 지신 예수 그리스도입니다. 우리의 중보자 되시는 예수 그리스도 그분을 아는 것 그리고 그분을 보내신 하나님을 아는 것 그것이 영생입니다(요 17:3). 그리고 그분 안에 거할 때 진정한 평안을 얻을 수 있습니다.

요한복음 17:3 "영생은 곧 유일하신 참 하나님과 그가 보내신 자 예수 그리스도를 아는 것이니이다."

마틴 로이드 존스의 《평강》 중에서

3. 마음의 평안을 얻으려면 어떻게 해야 하나요?

답 예수 그리스도를 믿어야 합니다.

설명 주님은 자신을 믿으라 하십니다. 왜냐하면 인생은 영원한 세계로 가는 여정인데, 주님이 다시 와서 우리를 영접해주실 것이고, 무슨 일이 닥치든 영원한 운명은 안전할 것이기에 우리는 평안을 얻을 수 있습니다.

마틴 로이드 존스의 《위로》 중에서

4. 혼란한 세상에서 '평안'을 얻으려면 어찌해야 하는지요?

답
1) 하나님과 화목하는 것입니다.
2) 하나님과 바른 관계를 맺는 것입니다.
3) 예수 그리스도를 믿는 것입니다.
   그것은 그리스도께서 우리를 위해 죽으셨고, 우리를 대신해 벌을 받으셨으며, 우리의 죄악을 친히 담당하셨다는 사실을 믿는 것입니다.
4) 그러할 때 우리 안에 평강이 임하게 됩니다.

요한복음 14:1-3 "너희는 마음에 근심하지 말라 하나님을 믿으니 또 나를 믿으라 내 아버지 집에 거할 곳이 많도다 그렇지 않으면 너희에게 일렀으리라 내가 너희를 위하여 거처를 예비하러 가노니 가서 너희를 위하여 거처를 예비하면 내가 다시 와서 너희를 내게로 영접하여 나 있는 곳에 너희도 있게 하리라."

마틴 로이드 존스의 《세상의 유일한 희망》 중에서

5. 사도 바울은 매우 힘들고 어려운 삶을 살았는데도 평강과 기쁨이 있었습니다. 무엇이 그를 그렇게 살 수 있게 하였나요?

답 1) 환경은 늘 변합니다. 그는 환경에 의존하지 않았습니다.
2) 그는 하나님과의 관계를 삶의 가장 우선 순위에 두었습니다.
3) 하나님의 섭리를 떠난 어떤 일도 일어나지 않는다는 것을 잊지 않았습니다.
4) 이 모든 일들이 자신의 유익을 위해 있다는 것을 알았습니다(롬 8:28).
5) 삶의 모든 정황들은 하나님의 사랑과 선하심을 나타내 주고 계시는 증거로 보았습니다.
6) 환경이나 그 조건 자체로 보지 않고, 자신을 궁극적인 완전의 상태로 인도하시는 하나님의 작업으로 보았습니다.
7) 모든 환경은 순간이요 잠시이기에 그것들이 궁극적으로 바울에게서 그리스도와 함께 바울을 기다리는 영광과 기쁨을 결코 빼앗을 수 없었습니다(롬 8:38, 39).

로마서 8:38-39 "내가 확신하노니 사망이나 생명이나 천사들이나 권세자들이나 현재 일이나 장래 일이나 능력이나 높음이나 깊음이나 다른 어떤 피조물이라도 우리를 우리 주 그리스도 예수 안에 있는 하나님의 사랑에서 끊을 수 없으리라."

8) 능력을 달라고 그리스도께 애원하면서 번민하지 마십시오. 그가 하라고 말씀하신 것을 하여야 합니다.

마틴 로이드 존스의 《영적 침체》 중에서

6. 주님이 주시는 평강은 어떤 특징이 있나요?

답
1) 생기와 활력이 있습니다.
2) 신선함이 있습니다.
3) 영원합니다.
4) 체험적입니다.
5) 주님이 직접 주십니다(요 4:14).
6) 충만합니다(요 10:10). 충만한 생명은 주님이 절대적인 중심이며 본질입니다.
7) 성화된 삶을 살게 됩니다(겔 36:25, 26; 딤후 3:16).

디모데후서 3:16 "모든 성경은 하나님의 감동으로 된 것으로 교훈과 책망과 바르게 함과 의로 교육하기에 유익하니."

마틴 로이드 존스의 《생명수》 중에서

7. 그리스도인의 기쁨은 어떤 특징이 있나요?

답
1) 그리스도인은 절대로 기쁨 그 자체에 목적을 두고 기쁨을 추구해서는 안 됩니다.
2) 그리스도인의 기쁨은 언제나 우리 주님의 관계에서 나오는 부산물입니다.
3) 스스로 기쁨을 낳으려고 애쓰는 것이 아닙니다.
4) 주님만을 바라보아야 합니다.
5) 그러할 때 위로부터 주시는 기쁨을 얻을 수 있습니다.

마틴 로이드 존스의 《생수로 채우라》 중에서

8. 근심하지 않고 평안을 얻기 위해서는 어찌해야 하나요?

답 하나님이 허락하지 않는 것은 일어나지 않을 것임을 믿고, 하나님의 섭리 안에서 모든 것이 합력하여 나에게 유익이 될 것으로 믿어야 합니다(롬 8:28).

로마서 8:28 "우리가 알거니와 하나님을 사랑하는 자 곧 그의 뜻대로 부르심을 입은 자들에게는 모든 것이 합력하여 선을 이루느니라."

설명 "주는 나를 돕는 이시니 내가 무서워하지 아니하겠노라" (히 13:6). 이런 사람은 병에 걸리든 전쟁이 나든 시련을 경험하든 핍박을 당하든 상관없이, 심지어 죽음도 두려워하지 않습니다. 그는 모든 일이 하나님의 손 안에 있음을 압니다. 무슨 일이 생기든 하나님의 섭리(롬 8:28) 안에 있을 것임을 믿습니다. 이런 믿음을 가진 사람은 눈에 보이는 것보다 하나님이 실상이요 실체로 보입니다.

마틴 로이드 존스의 《위로》 중에서

9. 인간은 노력함으로 행복을 얻을 수 있나요?

답 행복이나 기쁨이나 평안 자체를 삶의 목적과 목표로 삼는 것으로는 절대 그것들을 얻지 못합니다. 의와 참된 삶에 온 관심을 기울일 때 비로소 그 열매로 행복이 충만이 임합니다. 즉 행복, 기쁨, 평안은 항상 하나님과의 화목된 관계를 통한 부산물로 주어지는 것입니다.

설명 아리스토텔레스는 인간의 목적은 행복이라고 합니다. 그러나 성경은 행복은 하나님을 아는 것이라고 말합니다(마이클 호튼). 진정한 행복은 구원받음에 있습니다(신 33:29).

마틴 로이드 존스의 《위로》 중에서

10. 성경에서 말하고 있는 행복의 의미는 무엇인가요?

답 하나님과의 참된 관계에서 비롯되는 행복이 참된 행복입니다. 하나님께서 자신의 아들 예수 그리스도를 통하여 우리에게 베풀어 주신 의의 결과로 주어지는 것이 행복입니다. 오직 주의 약속에 따라 주시는 기쁨만이 빼앗기지 않는 기쁨입니다.

마틴 로이드 존스의 《전쟁과 하나님의 주권》 중에서

11. 이 세상에서 행복한 사람은 누구인가요?

답 하나님을 아는 사람들입니다. 신앙의 본질은 하나님을 아는 것입니다. 자신의 영혼의 중요성을 알고 그 영혼을 하나님께 맡기는 자들입니다. 이렇게 주님을 신뢰하는 자들이 행복한 자들입니다.

마틴 로이드 존스의 《하나님을 아는 기쁨》 중에서

12. 삶이 행복하지 못한 이유는 무엇일까요?

 1) 하나님과 원수가 되었고, 본래 그분과 더불어 누렸던 화평을 잃었기 때문입니다.
2) 하나님과 바른 관계가 아니기에 다른 사람과의 관계도

바르지 못하게 됩니다.

3) 하나님과의 관계가 회복될 때, 비로소 행복을 얻게 됩니다.

마틴 로이드 존스의 《생수로 채우라》 중에서

13. 왜 나는 불행하다고 느낄까요?

답 우리는 사랑을 갈망하고 사랑 받기를 갈망하는데 사랑을 받지 못한다고 느끼기 때문입니다. 주님은 "내가 주는 물을 먹는 자는 영원히 목마르지 아니하리니"라고 요한복음 4장 14절에 말씀하십니다.

설명 사탄은 우리를 항상 낙담('죄에 빠졌어요. 실패했어요. 저는 무가치합니다' 등등의 생각을 하게 함)시킵니다. 그러므로 요한복음 4장 14절 말씀을 항상 기억해야 합니다.

요한복음 4:14 "내가 주는 물을 마시는 자는 영원히 목마르지 아니하리니 내가 주는 물은 그 속에서 영생하도록 솟아나는 샘물이 되리라."

마틴 로이드 존스의 《생수로 채우라》 중에서

14. 왜 우리는 불행하다고 느끼게 되는 것일까요?

답 하나님의 음성보다는 자신의 말을 경청하기에 불행하다고 느끼게 됩니다.

설명 그러므로 행복해지기 위해서는 하나님이 누구시며, 무엇을 하셨고, 무엇을 해주시겠다고 약속하셨는지를 계속 생각해야 합니다.

마틴 로이드 존스의 《영적 침체》 중에서

15. 그리스도인인데 왜 불행하다고 느끼는 걸까요?

답 주님을 바라보지 않고 상황을 바라보았기 때문입니다. 주님의 목소리보다는 내 내면의 소리에 마음을 빼앗겼기 때문입니다.

마틴 로이드 존스의 《생수로 채우라》 중에서

16. 현실 세계에서의 환난은 어떻게 극복할 수 있나요?

답
1) 성령의 도우심을 통하여 극복합니다.
2) 기도에 응답하시므로 극복합니다.

3) 성령을 주신다는 위대한 약속이 있기에 우리는 환난을 극복할 수 있습니다(요 14:16-17). 성령만 계시면 왜 나에게 환난이 있는지 이해할 수 있습니다. 이해되지 않던 일들이 이해가 될 것입니다.

4) 예수님이 우리 안에 거하시기에 우리는 환난을 극복할 수 있습니다(계 3:20; 갈 2:20; 롬 8:39). 주님이 전에는 육신으로 왔다가 떠나셨지만, 이제는 영으로 오셔서 우리 안에 거하십니다.

주님은 우리 죄를 용서하시기 위해 죽으신 것만이 아니라 우리 안에 와서 살려고 죽으셨습니다.

설명 주님의 사역은 더욱 크게 성령을 통하여 영적으로 질적으로 확장될 것이기 때문입니다.

요한복음 14:12 "내가 진실로 진실로 너희에게 이르노니 나를 믿는 자는 내가 하는 일을 그도 할 것이요 또한 그보다 큰 일도 하리니 이는 내가 아버지께로 감이라."

요한복음 14:13-14 "너희가 내 이름으로 무엇을 구하든지 내가 행하리니 이는 아버지로 하여금 아들로 말미암아 영광을 받으시게 하려 함이라 내 이름으로 무엇이든지 내게 구하면 내가 행하리라."

예수님은 우리의 간구를 직접 하나님께 바칠 것입니다. 우리 주 예수 그리스도의 진정한 사역은, 즉 인류 전체를 구원하시는 사역은 십자가 이후에 이루어졌습니다. 십자가

> 죽음 후에 성령의 능력이 임했고, 성령은 우리에게 큰 축
> 복을 가져다 주셨습니다.
>
> 마틴 로이드 존스의 《위로》 중에서

17. 그리스도인이 살면서 근심하지 않을 수 있는 이유는 무엇인가요?

답 다음과 같은 것을 믿기 때문입니다.

1) 하나님의 실존을 믿기에.
2) 하나님의 힘과 능력과 권세를 믿기에.
3) 하나님이 만물의 창조주임을 믿기에.
4) 하나님을 떠나서는 어떤 일도 일어날 수 없다는 것을 믿기에.
5) 삶에 대해 새 하늘과 새 땅이 올 것이라는 그분의 말씀을 믿기에.
6) 하나님께 자신을 드린 자들에게 주신 하나님의 말씀을 믿기에.
7) 하나님의 허락 없이 어떤 일도 일어날 수 없다는 것을 믿기에.
8) 사랑하시는 그의 전능한 품에 우리 자신과 사람 그리고 모든 일을 기꺼이 맡기기에.

9) 하나님을 믿으니 예수 그리스도를 믿기에.

10) 그를 통해서만 하나님께 갈 수 있다는 것을 믿기에 그렇습니다.

마틴 로이드 존스의 《위로》 중에서

18. 완전하게 창조된 세상이 왜 이렇게 혼란스런 세상이 되었습니까?

답
1) 인간이 하나님과의 교제를 중단했기 때문입니다.
2) 인간이 자신이 유한하다는 생각을 거부하고, 하나님을 의지해야 한다는 사실도 거부했기 때문입니다.
3) 진리의 자리에 쾌락과 기쁨을 놓았기 때문입니다(롬 8:7).
4) 사람들이 하나님에게서 벗어날 수 있다고 생각하기 때문입니다.
5) 심판이 있다는 사실을 알지 못하기 때문입니다.
히 9:27 "한번 죽는 것은 사람에게 정해진 것이요 그 후에는 심판이 있으리니."
6) 낙원을 상실했기 때문입니다.

설명 하나님 없는 낙원은 없습니다. 죄의 오염에서 구원받기 전에는 낙원을 경험할 수 없습니다. 낙원에서의 가장 핵심은 하나님과의 교제입니다. 이것을 가능하게 하신 분이 바로 예수 그리스도이십니다. 그분이 낙원을 회복할 수 있는 유일한 소망입니다. 그분을 믿어야 합니다.

마틴 로이드 존스의 《세상의 유일한 희망》 중에서

19. 삶에 문제가 많습니다. 과거의 아픔도 여전합니다. 어떻게 하면 이 문제에서 벗어날 수 있을까요?

 문제만 바라보는 어리석은 행위를 당장 중단해야 합니다. 낙심은 전 인격에 영향을 미칩니다. 그러므로 생각을 훈련해야 합니다. 그리고 성경에서 그리스도를 찾고, 그분을 발견하고, 그분을 바라보십시오. 그러할 때 엠마오로 가던 제자들이 예수님의 말씀을 들을 때 그들의 마음이 뜨거워졌던 것처럼 회복될 것입니다.

마틴 로이드 존스의 《영광을 바라보라》 중에서

20. 세상에 문제가 많은 이유는 무엇입니까?

답 하나님을 거스르는 인간의 반역 때문입니다.

마틴 로이드 존스의 《창세기에 나타난 복음》 중에서

21. 그리스도인이 삶에서 낙심하지 않을 수 있는 이유가 있나요?

답 1) 모든 시험과 역경을 넉넉히 감당하게 해줍니다.
2) 모든 인생의 단계를 넉넉히 통과하게 해줍니다.
3) 그리스도는 결코 우리를 떠나거나 버리지 않으십니다
(창 28:15; 수 1:5, 9; 사 54:10; 마 1:23).

설명 이사야 40:31 "오직 여호와를 앙망하는 자는 새 힘을 얻으리니 독수리가 날개치며 올라감 같을 것이요 달음박질하여도 곤비하지 아니하겠고 걸어가도 피곤하지 아니하리로다."

마틴 로이드 존스의 《너희 하나님을 보라》 중에서

22. 삶에 어려움이 있습니다. 어떻게 해야 할까요?

답 1) 말하기 전에 생각하십시오.
2) 기본 원칙들을 다시 생각하십시오.
3) 그 원칙을 문제들에 적용하십시오.

마틴 로이드 존스의 《하나님을 아는 기쁨》 중에서

23. 참된 그리스도인의 행동의 특징은 무엇입니까?

답 1) 역경을 통해 하나님께 다가옵니다(시 119: 67, 71). 삶이 당신을 지배하지 않도록 해야 합니다.

시 119: 67, 71 "고난 당하기 전에는 내가 그릇 행하였더니 이제는 주의 말씀을 지키나이다, 고난 당한 것이 내게 유익이라 이로 말미암아 내가 주의 율례들을 배우게 되었나이다."

2) 역경의 시기에 하나님을 찾을 뿐 아니라 그럴 권리가 자신에게 있다고 느낍니다(시 42:1). 시험을 혼자 겪는 것이 아니라 주님이 우리 앞에 있고, 함께 계시다는 것을 확신합니다.

3) 하나님의 임재를 느낍니다(빌 4:6-7). 하나님을 문제가 있을 때만 찾지 마십시오.

마틴 로이드 존스의 《하나님을 아는 기쁨》 중에서

24. 왜 하나님은 위기의 때에 기도해도 응답하시지 않는 것 같나요?

답 사람의 절대 절망을 통해 하나님만 온전히 의지하도록 하기 위해서입니다. 그러나 아셔야 할 것은 그런 과정을 거쳐서 더 좋은 것을 주신다는 희망을 잃지 말아야 한다는 것입니다(롬 8:28).

설명 하나님께서 우리가 기도만 하면 언제든지 우리가 원하는 것을 무조건 들어주시는 분이었다면, 우리는 나약한 기독교인이 되었을 것입니다.

마틴 로이드 존스의 《하박국 강해》 중에서

25. 미래가 늘 염려가 됩니다. 어떻게 해야 할까요?

답 1) 미래에 대해 염려한다는 것은 영적으로 침체되어 있다는 것입니다.

"내일 일을 위하여 염려하지 말라"(마 6:34)는 의미는 내일에 대하여 너무 염려하여 죄를 짓지 말라는 것입니다.

2) 미래에 대한 생각은 정당한 일이지만, 거기에 지배를 당하는 것은 매우 잘못된 행동입니다. 미리 걱정하지 마십시오.

3) 현재에 최선을 다하여 생활하십시오.

4) 두려워하는 마음의 중요한 원인은 결국 자신을 사랑하기 때문입니다. 즉 자기 사랑, 자기 관심, 자기 보호입니다. 이런 사람은 결국 '내가 어떻게 이 일을 할 수 있을까?' 하는 자아 중심적 사고를 가진 자입니다. 그러한

생각을 하나님 중심으로 믿음의 생각으로 바꾸어야 합니다. 미래에 대한 두려움은 자기 자신에 대한 두려움이요, 실패에 대한 두려움입니다.

설명 여러분의 미래에 대한 걱정 대신에 여러분이 누구이며, 어떤 자인가 또 여러분 안에 계신 영은 어떤 분이신가를 자신에게 말하며 자신에게 상기시켜 주십시오. 하나님께만 영광을 돌리려는 거룩한 열정을 가지고 살아야 합니다.

마틴 로이드 존스의 《영적 침체》 중에서

26. 예수님을 믿는데도 우울증의 성향이 바뀌지 않습니다. 왜 그렇죠?

답 1) 예수님을 믿는다고 해서 체질상의 경향을 초월하게 되는 것은 아닙니다.
2) 감정에 너무 많이 집중하는 과오를 피해야 합니다.
3) 여러분은 자신을 행복하게 할 수 없습니다. 그러나 자신을 기쁘게 할 수는 있습니다. 여러분은 주 안에서 항상 기뻐할 수 있습니다. 행복함은 우리 안에 있는 것이며 기쁨함은 주 안에 있습니다. 사도 바울은 육신적으로는 행복한 사람이 아니었습니다. 그러나 그는 항상 기뻐했습니다. 그는 언제나 하나님 안에 있었기 때문입

니다.

4) 불쾌감이 여러분을 다스리도록 허락하지 마십시오. 만약 허락하게 된다면 비참함 가운데 있게 될 것입니다. 그것들을 인정하지 마십시오. 침체된 태만에서 벗어나십시오.

5) 우리는 스스로 행복하게 할 수 없습니다. 오직 하나님을 믿고 그분을 의지하십시오.

6) 행복해지려고 하기보다는 거룩하게 되며 의로워지기를 소망하십시오.

설명 행복을 찾아보십시오. 발견하지 못할 것입니다. 의를 찾아보십시오. 그러면 여러분 자신이 행복해 있는 것을 발견하게 될 것입니다. 주 예수 그리스도에게만 눈을 돌리십시오. 감정은 행복에만 속하였으나, 기쁨은 감정보다 더 큰 것 안에 존재합니다. 즉 하나님 안에서 얻을 수 있는 것입니다.

마틴 로이드 존스의 《영적 침체》 중에서

27. 왜 삶에 시련이 많은가요?

답 1) 믿음은 보배롭기에 하나님은 믿는 자의 믿음이 온전하기를 원하십니다.

2) 하나님은 우리의 믿음이 더 발전되기를 원하십니다.

3) 작은 시련을 통해 더 큰 시련을 견디도록 준비시키시는 것입니다.

4) 우리의 유익을 위해 더 적합한 시련을 주십니다. 하나님은 적당한 분량을 아십니다.

5) 신앙의 의인들 역시 가혹한 시련과 시험의 때가 있었습니다.

6) 시련은 우리의 믿음의 순전성을 인정하는 자격증입니다. 그것은 오래 참음과 인내입니다.

7) 그 시련은 잠깐 동안입니다. 하나님께서 정하신 적당한 때에 물러갑니다(고전 10:13).

고린도전서 10:13 "사람이 감당할 시험밖에는 너희가 당한 것이 없나니 오직 하나님은 미쁘사 너희가 감당하지 못할 시험 당함을 허락하지 아니하시고 시험 당할 즈음에 또한 피할 길을 내사 너희로 능히 감당하게 하시느니라."

8) 예수 그리스도의 나타나시는 날에 결과가 드러날 것입니다(고전 4:1-5).

9) 상급의 심판이 있을 것입니다(고후 5:10).

설명 '하나님은 항상 내게 가장 좋은 것이 무엇인가를 아신다. 나는 하나님을 신뢰하리라. 그가 나를 때려 죽이신다 할지라도 나는 여전히 그를 신뢰하리라'는 믿음이 있어야 합니다. 우리의 유일한 관심은 우리가 주님 보시기에 언제나 기뻐하실 사람이 되는 것입니다.

마틴 로이드 존스의 《영적 침체》 중에서

28. 믿음이 있는데도 왜 병이 들고, 아프고, 그리고 직장을 잃는 일들이 생기는지요?

답 1) 하나님의 뜻은 인간의 육체보다, 건강보다, 생명보다 귀합니다(사 55:8-9).

2) 하나님께서는 때에 따라 죽음이라는 수단을 사용하시기도 하는 것처럼 보이는 정도까지 나아갑니다.

3) 하나님께서는 우리가 겸손에 도달하기 위하여 낮아지지 않으면 안 된다는 것을 아십니다.

마틴 로이드 존스의 《영적 침체》 중에서

29. "아무것도 염려하지 말라"(빌 4:6)고 하셨는데, 그 말씀의 뜻은 무엇입니까?

답 1) 너희 구할 것을 하나님께 구하라는 것입니다. 기도는 환경을 변화시키지는 않습니다. 그러나 어떤 환경에서도 바로 서 있을 수 있고, 여전히 전진할 수 있게 합니다. 하나님은 여전히 우리를 지키실 것입니다.

2) 간구하라는 것입니다. 기도는 우리를 평강으로 인도하실 것입니다.

3) 감사하라는 것입니다. 그러면 환경에도 불구하고 승리자로 살 수 있습니다.

4) 우리의 평강과 자유를 염려에서부터 보호해 주십시오.

설명 염려한다는 것은 근심한다는 것이고 걱정이 가득 차 있다는 뜻입니다. 이 말은 어떤 일을 곰곰이 계속 생각하며 신경을 쓰면서 안달하며 속을 썩는 것을 뜻합니다. 마음과 생각이 모든 권세를 좌우합니다. 우리는 생각의 밥입니다. 우리는 근심 아래에 있는 노예입니다. 사도 바울은 이렇게 고백합니다.

"나의 삶은 내게 일어나고 있는 것들에 의하여 지배 받거나 결정되지 않는다. 나는 그것들을 밟고 일어설 수 있는 자세와 상태 속에 있다. 그러한 것들은 나의 삶과 경험에 있어서 결정적인 요인들이 아니다."

마틴 로이드 존스의 《영적 침체》 중에서

30. 세상에서는 안식을 얻을 수 없나요?

답 없습니다.

1) 자신의 진짜 필요를 깨달아야 합니다. 세상은 절대로 인간의 전인을 진정으로 만족시키지 못합니다(시 107:9, 119:175).

2) 세상이 아무리 대단하다고 해도 우리의 필요를 절대 채우지 못합니다.

3) 세상이 주는 위안은 일시적일 뿐 결코 완전한 만족을 주지 못합니다.

4) 오직 하나님만이 영혼을 만족하게 합니다. 인간의 내면에는 영혼이 있습니다.

설명 하나님만이, 그분과의 교제만이 우리 영혼을 만족하게 합니다. 이것이 세상이 줄 수 있는 모든 것을 가지고도 인간을 만족시키지 못하는 이유입니다.

"주께서 당신을 위해 우리를 지으셨으므로, 우리의 마음은 당신 안에서 안식을 찾을 때까지 안식하지 못합니다" (어거스틴).

마틴 로이드 존스의 《생명수》 중에서

31. 삶의 문제를 어떻게 다루어야 하나요?

답 1) 악은 인간에게 내린 형벌의 일부입니다. 악은 인간의 어리석음과 죄와 거역이 부른 결과입니다.

2) 우리에게 어려움과 문제가 있는 것은 당연한 일입니다.

3) 하나님은 자신의 종을 가르치고 인도하려고 고난을 사용하셨습니다(시 119:67, 71).

4) 전에 나쁘게 여겼던 것이 도리어 우리에게 유익이 될 수 있습니다.

5) 합력하여 선을 이루지 않는 것이 하나도 없습니다(롬 8:28).

6) 이 세상은 잠시뿐입니다. 죄와 수치로 가득한 이 세상은 그리스도인들에게 잔인할 것입니다(약 4:1-2).

설명 자신을 바른 환경에, 바른 상황에 두십시오. 어려움에 빠졌다면 자신을 보지 말고 하나님을 보십시오. 그리고 영광되고 영원한 진리를 깨달으십시오.

마틴 로이드 존스의 《생수로 마셔라》 중에서

32. 문제가 있을 때는 어떤 신앙 태도를 가져야 합니까?

답 1) 하나님은 결코 변덕스럽지 않습니다. 하나님의 성품과 존재와 관련하여 그분은 영원히 변하지 않으신다는 것보다 더 영광스러운 것은 없습니다.

2) 하나님은 결코 우리를 부당하게 대하지 않으십니다.

3) 하나님은 결코 자신의 말씀이나 은혜로운 목적에서 벗

어나지 않으십니다.

이상의 것을 믿어야 합니다.

마틴 로이드 존스의 《전쟁과 하나님의 주권》 중에서

33. 어려움이 있을 때 신앙인은 어떻게 행동해야 하나요?

답

1) 문제를 하나님께 맡겨야 합니다. 그것은 문제로부터 벗어나야 한다는 것입니다. 기도하면서도 걱정한다면 그것은 문제를 하나님께 맡긴 것이 아닙니다.

2) 기도 후 응답을 기다려야 합니다. 하나님의 응답을 기다리지 않는 것은 그분을 모욕하는 것입니다. 이것이 믿음의 척도입니다.

마틴 로이드 존스의 《하나님을 아는 기쁨》 중에서

34. 시련이 우리에게 주는 유익은 무엇인가요?

답

1) 우리가 지나치게 세상적이고 인간적인 것들을 의지한다는 것을 깨닫게 합니다.

2) 이 땅에서의 삶이 덧없음을 상기시켜 줍니다.

3) 우리의 연약함과 무력함과 무능함을 깨닫게 합니다.

>   4) 시련은 우리를 하나님께로 이끌어가고, 우리는 전적으로 그분을 의존해야 하는 존재임을 절실히 깨닫게 합니다(시 119:71).
>
>   5) 고통의 학교보다 하나님의 부드럽고도 인자한 돌보심을 더 잘 배울 수 있는 곳은 없습니다(시 119:67; 롬 8:28).
>
>   마틴 로이드 존스의 《전쟁과 하나님의 주권》 중에서

35. 삶에 기쁨이 없습니다. 무엇이 문제인가요?

답 그것은 주님의 가르침을 받아들이지 않기 때문입니다. 우리가 하나님께 무지하기 때문이요, 하나님의 말씀을 믿지 않기 때문입니다. 자신의 영적 감각을 사용하려 하지 않기 때문입니다. 그리스도인은 정죄 아래에 있지 않습니다.

                                  마틴 로이드 존스의 《생수로 채우라》 중에서

36. 문제를 가지고 힘들어 하는 이들에게 무엇이라고 권면하고 싶으신가요?

1) 문제에 대해 숙고해 보기 전에 말하지 마십시오.
2) 깊이 생각한 다음 적극적으로 노력하고 실제적으로 생

각하십시오.

3) 하나님의 살아 계심을 의심하게 만드는 원수의 속삭임은 당연히 거짓이라는 확신을 가지십시오.
4) 한두 가지 일부 특정한 사실만이 아니라 모든 사실들을 숙고하십시오.
5) 우리는 우리의 문제를 생각하고 분별해야 합니다.

마틴 로이드 존스의 《전쟁과 하나님의 주권》 중에서

37. 세상이 이처럼 문제가 많게 된 이유는 무엇인가요?

답 태초에 자신의 본질과 실상을 깨닫지 못하고 자신이 아닌 다른 존재, 하나님께서 전혀 의도하시지 않은 다른 존재가 되려 했기 때문입니다.

마틴 로이드 존스의 《창세기에 나타난 복음》 중에서

38. 참된 신앙을 가졌는지는 어떻게 알 수 있나요?

답 어려울 때 어떻게 반응하며 행동하는지 보면 알 수 있습니다.

마틴 로이드 존스의 《하나님을 아는 기쁨》 중에서

39. 왜 하나님은 우리의 삶에 어려움을 주시나요?

답
1) 하나님은 죄를 미워하시며, 악을 행하지 않으십니다.
2) 스스로 해결할 수 없는 문제는 하나님께 맡기세요.
3) 예수 그리스도의 본을 본받으십시오.
4) 우리의 삶에는 하나님의 섭리와 작정이 있습니다. 그러므로 하나님께 기도하면 응답해 주실 것입니다. 그래도 이루어지지 않은 일은 하나님의 작정이니 그분의 계획에 순종해야 합니다.

설명 이 세상은 영원한 곳이 아닙니다. 이 땅은 심판을 위해 준비된 곳입니다. 그러므로 영원한 나라를 소망하며 살아야 합니다(골 3:2).

마틴 로이드 존스의 《하나님을 아는 기쁨》 중에서

40. 믿는 자로서 어떻게 과거를 생각해야 하나요?

답
1) 과거의 실패로 인해서 현재에 비참해 하는 것을 하지 말아야 합니다. 이것은 단지 시간과 정력의 낭비일 뿐입니다. 죽은 과거가 그의 죽음을 장사하게 해야 합니다. 여러분이 하지 못한 것이나 여러분이 허비한 수년의 기간들을 뒤돌아보는 것을 중단하십시오. 우리가 영향력

을 미칠 수 없는 과거에 대해 관심을 갖는 것은 시간 낭비일 뿐입니다.

2) 기독교인이 된 시간이 언제이고, 얼마나 되었느냐보다는, 기독교인이 되었다는 사실을 중시해야 합니다. 내가 좀 더 일찍 기독교인이 되었으면 하는 생각으로 시간을 낭비하지 마십시오. 구원에는 절대로 늦었다는 것은 없습니다.

3) 하나님은 한 해에 십 년을 보상할 수 있도록 우리에게 해주실 수 있는 분입니다.

4) 하나님의 자녀 된 사실로 인해서 하나님을 찬양하십시오.

마틴 로이드 존스의 《영적 침체》 중에서

41. 하나님은 왜 징계를 하시지요?

1) 겸손의 덕을 함양하기 위하여 징계만큼 좋은 것은 없습니다.

2) 게으름으로 인해서 올 수도 있습니다. 징계가 모두 하나님으로부터 오는 것은 아닙니다.

3) 징계를 통해 자신을 돌아보는 시간이 생기기 때문에 유익입니다(시 119:67, 71).

4) 징계가 있더라도 주님이 말씀하시는 것을 행해야 합니다(히 12:6).

설명 하나님은 나를 사랑하십니다. 내가 거룩해지기를 원하십니다. 주님은 나를 천국에 인도하시기를 작정하셨습니다. 그러나 내가 주님의 말씀을 따르지 않을 때 시련의 방법을 통해서라도 성장시키십니다. 그러기에 아무것도 우리를 우리 주 예수 그리스도 안에 있는 하나님의 사랑에서 끊을 수 있는 것은 없습니다(롬 8:39).

로마서 8:39 "우리를 우리 주 그리스도 예수 안에 있는 하나님의 사랑에서 끊을 수 없으리라."

마틴 로이드 존스의 《영적 침체》 중에서

42. 저는 왜 믿음이 약할까요? 강한 믿음의 소유자가 되고 싶습니다.

1) 이미 해결되고 해답된 문제에 다시 되돌아가지 마십시오.

2) 믿음으로 끈기 있게 주님을 향하도록 하고 그를 바라보는 것을 고집하여야 합니다.

3) 하나님은 작은 시련을 통해서 더 큰 시련을 견딜 수 있도록 준비시키시는 것입니다.

4) 우리를 위해 작정된 적합한 시련이 있습니다.

5) 강한 믿음의 소유자는 주님만을 바라보며 그분에 대해 명백히 알고 있습니다. 그러면 결코 의심할 수 없습니다.

설명 그리스도인 역시 주위에서 일어나는 일에 영향을 받습니다. 그러나 그러한 영향을 이기고 일어나게 하는 어떤 것을 가지고 있습니다. 그리스도인의 생활의 영광은 여러분들이 그것을 느끼면서도 딛고 일어나는 바로 그것입니다.

마틴 로이드 존스의 《영적 침체》 중에서

43. 믿음과 용기는 무엇이 다른가요?

답 1) 용기는 남자답고 불평과 원망을 거부할 만큼 올곧으며, 무슨 일이 닥치더라도 평정심을 유지하며, 굽히거나 부러지지 않고 목표를 향해 나아가게 합니다. 아무런 가망이 없을 때에도 포기하지 않는 태도입니다. 그러나 이것은 이방인의 덕목일 뿐 기독교와는 상관이 없습니다.

2) 믿음은 환난을 당하는 자에게 용기를 내거나 그것을 이겨내라고 하지 않습니다. 사람들이 무엇을 해야 하느냐가 아니라, 하나님이 그들을 위해 '무엇을 행하셨고(has done), 행하고 계시며(is doing), 행하실(is going to do)일'이 무엇인지를 강조합니다. 이를 악물고 굳게 결심함으

로써가 아니라 위의 것을 바라보면서(골 3:2 "위의 것을 생각하고 땅의 것을 생각하지 말라") 계속 나아가는 것입니다. 소망 중에 구원을 받았고, 그 소망으로 살아가는 것입니다. 로마서 8장 28절을 믿는 신앙입니다. 시련과 역경과 환난을 무시하지도 침묵하지도 않습니다. 하나님께서는 이 모든 것을 합력하여 선한 방향으로 사용하십니다.

롬 8:28 "우리가 알거니와 하나님을 사랑하는 자 곧 그의 뜻대로 부르심을 입은 자들에게는 모든 것이 합력하여 선을 이루느니라."

이것이 하나님이 왜 우리에게 어떤 일들이 일어나는 것을 허용하시는가에 대한 궁극적인 답변입니다.

마틴 로이드 존스의 《하나님의 주권》 중에서

44. 역사를 보면 하나님이 계시지 않는 것은 아닌가 하는 생각이 들 때가 있습니다. 하나님께서는 과연 계시는가요?

1) 하나님은 영원하신 분입니다. 하나님은 역사를 초월하여 계시며, 다스리시는 분입니다.

2) 하나님은 자존하신 분입니다. 그분께서는 세상의 어떤

일에도 구속 받지 않으시고 자존하십니다.

3) 하나님은 거룩하신 분입니다.

4) 하나님은 전능하신 분입니다. 그분은 심판의 날을 위해 그들을 그냥 두실 수도 있으십니다(벧후 3:7).

5) 하나님은 신실하신 분입니다.

벧후 3:7 "이제 하늘과 땅은 그 동일한 말씀으로 불사르기 위하여 보호하신 바 되어 경건하지 아니한 사람들의 심판과 멸망의 날까지 보존하여 두신 것이니라."

하박국 1:12 "여호와여 주께서 심판하기 위하여 그들을 두셨나이다. 반석이시여 주께서 경계하기 위하여 그들을 세우셨나이다."

마틴 로이드 존스의 《하나님을 아는 기쁨》 중에서

45. 우리에게 가장 필요한 지식은 무엇인가요?

답 예수 그리스도를 아는 지식입니다. 그가 누구시며, 무슨 일을 하셨으며, 그래서 우리에게 무슨 일이 가능해졌는지를 알아야 합니다.

설명 우리에게 가장 필요한 것은 하나님에 대한 진리를 아는 것입니다.

마틴 로이드 존스의 《하나님께로 난 사람》 중에서

46. 그리스도인의 삶에 일차적으로 두어야 할 것은 무엇인가요?

답 거룩함입니다. 거룩함과 의와 공평과 진리입니다.
설명 행복을 맨 앞에 두는 순간, 우리는 길을 잘못 들게 됩니다.

마틴 로이드 존스의 《하나님께로 난 사람》 중에서

47. 거룩하게 살려면 어떻게 해야 하나요?

답 1) 죄에 대한 저항력을 키워야 합니다.

2) 심령, 즉 생각하는 방식을 새롭게 하여야 합니다. 믿는 자는 마음을 잘 다룰 줄 알아야 합니다.

3) 궁극적인 목표와 목적을 늘 인식해야 합니다(딛 2:11-14; 엡 5:25-27).

마틴 로이드 존스의 《하나님께로 난 사람》 중에서

48. '새사람이 되었다'고 하는데 '새사람'은 무슨 뜻인가요?

답 1) 죄에 대하여 죽었다는 뜻입니다.

2) 새로운 본성을 받음으로 그리스도의 일부가 되었다는

뜻입니다.

3) 그리스도가 못 박힐 때 같이 박혔고, 죽으셨을 때 같이 죽었고, 묻히셨을 때 같이 묻혔고, 부활하셨을 때 나도 부활했다, 그가 아버지 옆에 계시니 나도 아버지 옆에 계신다고 믿는 자입니다.

마틴 로이드 존스의 《하나님께로 난 사람》 중에서

49. 네 몸을 하나님께 드리라고 하는데 이 말은 무슨 뜻인가요?

답 눈을 하나님께 드리는 것입니다. 마음과 생각을 하나님께 드리는 것입니다. 내 마음을 예전처럼 내 마음대로 쓸 권리가 없습니다. 위의 것을 생각하고 땅의 것을 생각하지 말아야 합니다(골 3:2). 상상력을 드려야 합니다. 성을 부부 안에서만 사용하는 것입니다. 기독교는 금욕주의가 아닙니다.

설명 성령을 따라 사는 삶입니다. 성령 안에서 살고, 성령께 집중하며, 성령 안에서 지내고, 성령 안에서 생활하는 것입니다. 육체에 굴복하면 육체만 보이고, 성령에 굴복하면 육체는 뒤로 물러가고 사라집니다.

마틴 로이드 존스의 《하나님께로 난 사람》 중에서

50. 사람이 사는 동안 가장 중요한 것은 무엇입니까?

답 자신이 그리스도인임을 확실히 아는 것입니다.

마틴 로이드 존스의 《회개》 중에서

51. 그리스도인의 삶에 있어서 위대한 기술은 무엇인가요?

답 자신을 다루는 법을 아는 것입니다.

설명 자신이 넘어지는 것은 혼자만 넘어지는 것이 아니라 교회 전체가 함께 넘어지는 것입니다. 신앙이 흔들릴 때 신사가 되어야 합니다. 즉 신앙인으로서 품위를 잃지 말아야 합니다.

마틴 로이드 존스의 《믿음의 시련》 중에서

52. 구원 받은 자로서 즐거움을 느끼지 못한다면 그 이유는 무엇입니까?

1) 죄를 지으면 그렇습니다. 죄로 인해 하나님과의 교제가 깨어집니다. 죄는 즐거움을 빼앗아갑니다.
2) 구원의 길에 대한 이해의 부족에 있습니다.

3) 주님이 아니라 자신만을 바라보는 일에 몰두하기 때문입니다.

마틴 로이드 존스의 《회개》 중에서

53. 세상에서 가장 어리석은 사람은 누구인가요?

답 하나님을 믿는다고 하면서도 자신의 생활과 매일의 행동에서 하나님을 잊어버리고 하나님이 존재하지 않는 것처럼 행동하는 자들입니다. 삶의 중심이 하나님이 아니라 자신이 중심인 자들입니다.

설명 이런 자들은

1) 자신의 생각을 떠난 하나님의 말씀에는 권위를 두지 않습니다(시 50:17, 21).
2) 그들은 그저 이론적 관심만 가지고 있습니다(시 50:16).
3) 하나님이 그들의 삶에 주재권을 소유하고 있지 않습니다.

마틴 로이드 존스의 《하나님을 아는 기쁨》 중에서

54. 영적으로 둔감해지지 않기 위해서는 어떻게 해야 합니까?

답
1) 습관을 뿌리치고 기독교적으로 사고하여야 합니다. 마음은 저절로 새로워지지 않습니다.
2) 이미 다 받았다고 오해하지 말아야 합니다(히 6:1-2).
3) 게으르지 말고 마음의 허리를 동여야 합니다(벧전 1:13).
4) 경험에 안주하여 어린아이 수준에 머물러 있지 말아야 합니다.
5) 의지와 순종만 강조하는 결단이나 영접 촉구만으로는 안 됩니다(엡 3:8, 9, 14, 15).
6) 기독교 복음이 뭔지 정확히 모르고 축소하는 잘못을 범하지 말아야 합니다(엡 3:8).

설명 믿는 자는 그리스도인이 되어야 합니다. 그리스도인처럼 사고해야 합니다. 그래야 삶의 위기를 대처하는 태도가 달라집니다.

마틴 로이드 존스의 《생수를 구하라》 중에서

55. 하나님은 인간의 역사 속에 개입하시나요?

답 1) 역사는 하나님의 주권하에 있습니다. 하나님께서는 역사를 종식시키려 하십니다. 이 사실을 잊지 마십시오.

2) 역사는 하나님의 계획에 따라 진행됩니다. '카이로스' 즉 하나님의 때가 있습니다.

3) 역사는 하나님의 시간표에 따라 진행됩니다.

4) 역사는 하나님의 나라와 밀접한 관련이 있습니다.

마틴 로이드 존스의 《하나님을 아는 기쁨》 중에서

56. 그리스도인은 무엇과 싸워야 하나요?

답 그리스도인은 영혼의 대적자와 싸워야 합니다. 또한 우리 안에 있는 '옛 근성'(자아, 성품)과도 싸워야 합니다.

마틴 로이드 존스의 《영적 침체》 중에서

57. 선한 사람이 되고 싶습니다. 성경에 선한 사람의 본이 되는 분이 있습니까? 그분을 닮고 싶습니다.

답 성경에서는 '선한 사람은 없다'고 하였습니다. 아브라함이나 요셉 혹은 다윗과 바울 그 누구도 여러분의 본이 되어서는 안 됩니다. 그분들은 예수 그리스도의 예표요 혹은 그분께 인도하는 인도자들입니다. 그러므로 성경의 위인을 바라보지 마시고, 그분들이 바라보는 '우리 주 예수 그리스도'를 바라보아야 합니다. 그분만이 우리의 삶의 본이 되실 수 있습니다. 주님을 가리키는 손가락(위인, 영웅 또는 기적들)에 멈추어서면 목적지로 갈 수 없습니다.

마틴 로이드 존스의 《영적 침체》 중에서

58. 자아를 벗어나려면 어떻게 해야 하나요?

1) 자아를 생각할 시간이 없도록 하나님에 대해 몰두하십시오. 하나님께 감사 드리십시오.
2) 우리 주 예수 그리스도에 대해 그분의 사랑의 넓이와 길이와 깊이와 높이를 생각하십시오.
3) 형제를 사랑하십시오. 다른 사람들의 필요와 관심에 대하여 생각해 보십시오.
4) 근신하는 마음을 가져야 합니다. 자제, 수양, 균형된 마음을 가져야 합니다.

마틴 로이드 존스의 《영적 침체》 중에서

59. 왜 하나님은 십일조(선한 일)를 했는데도 보상을 주시지 않으시죠?

답 하나님과 흥정하지 마십시오. 흥정하면 흥정한 것밖에 못 받습니다. 그러나 그분의 은혜에 맡기면 생각해 본적도 없는 많은 것을 틀림없이 받게 될 것입니다. 여러분의 일에 대한 기록이나 계산을 하지 마십시오.

설명 그리스도인의 삶의 행복의 비결은 모든 것이 은혜로 된다는 것을 인식하는 것과 그 사실을 즐거워하는 데 있습니다. 하나님의 영광과 그를 위하여 일할 수 있는 특권을 얻은 사실과 기독교인이 되었다는 권세를 얻은 사실을 제외하고는 모든 것을 잊어야 합니다. 기독교인은 은혜로 시작하고, 은혜로 살며, 은혜로 마쳐야 합니다. 그리스도인은 은혜가 모든 것의 답입니다.

마틴 로이드 존스의 《영적 침체》 중에서

60. 세상은 악합니다. 그런데 왜 그리스도인은 선하게 살아야 하나요?

답 우리는 하나님의 자녀이며, 하늘에 계신 아버지의 자녀이기 때문입니다(벧전 2:9; 딤후 3:16, 17).

디모데후서 3:16, 17 "모든 성경은 하나님의 감동으로 된 것으로 교훈과 책망과 바르게 함과 의로 교육하기에 유익하니 이는 하나님의 사람으로 온전하게 하며 모든 선한 일을 행할 능력을 갖추게 하려 함이라."

마틴 로이드 존스의 《생수를 마셔라》 중에서

61. 성령께서 우리 내면의 삶을 인도하십니다. 그것을 어떻게 분별하죠?

답
1) 하나님은 일정한 양식이 있습니다.
2) 하나님의 법과 방법을 거스르는 일을 하지 말라고 하십니다.
3) 하나님은 기이한 방법을 절대 사용하지 않습니다.

마틴 로이드 존스의 《생수를 마셔라》 중에서

62. 하나님이 이끄시는 규칙은 무엇입니까?

답
1) 하나님의 이끄심을 넘겨짚지 마십시오(고전 7:20).
고린도전서 7:20 "각 사람은 부르심을 받은 그 부르심 그대로 지내라."

2) 하나님께 온전히 맡긴다고 정직하게 아뢰십시오.

3) 문이 열리는지 살폈다가 문이 닫히는지도 살피십시오 (행 16:6, 7).

4) 지체와 실망과 낙담에 대비하십시오.

5) 염려하지 마십시오(빌 4:6, 7). 하나님의 평강을 항상 누리는 것이 중요합니다.

6) 마지막 신호까지 움직이지 마십시오. 마지막 신호는 만장일치입니다(롬 14:22, 23).

마틴 로이드 존스의 《생수를 마셔라》 중에서

63. 현대는 감성이 중요시 되는 시대입니다. '진정한 감성'과 '감성주의'는 어떻게 구별할 수 있나요?

답 1) 감성주의의 근본문제는 언제나 감성 그 자체를 목적으로 여깁니다. 진정한 감성은 언제나 진리에서 옵니다.

2) 감성주의는 통제력이 없습니다.

3) 감성주의는 언제나 소모적입니다.

4) 진정한 감성은 행동이 뒤따릅니다. 언제나 의지에 영향을 주고 의지를 움직입니다.

5) 진정한 감성은 그 감성을 다스립니다.

설명 감정에 대해 더 자세히 알고 싶으면 조나단 에드워즈의 《신앙감정론》을 읽어보시기를 권합니다.

마틴 로이드 존스의 《생수를 마셔라》 중에서

64. 삶에 있어서의 저주는 무엇인가요?

답 사람이 사람들과 사이 좋게 지내지 못한다는 것입니다.

마틴 로이드 존스의 《생수로 채우라》 중에서

65. 삶의 우선순위는 무엇인가요?

답
1) 하나님께 완전히 복종하여야 합니다. 우리는 하나님의 노예입니다.
2) 그분의 방식대로 충만한 생명을 주십니다.
3) 그리스도인이 되지 않으면 참된 위로와 축복을 받을 수 없습니다.
4) 칭의를 체험해야 합니다.
5) 자기 자신과 대면해야 합니다.
6) 하나님 앞에 나아가는 법을 배워야 합니다.
7) 하나님은 이 세상은 잠깐이요, 죽음 너머에 복스러운

소망이 있음을 알려주십니다.

마틴 로이드 존스의 《생수를 누리라》 중에서

66. 세상을 바르게 판단하려면 어떻게 해야 할까요?

답 자신의 죄를 깨달아야 하고, 회개해야 하며, 하나님께로 돌이켜야 합니다. 그럴 때에만 세상을 바르게 볼 수 있습니다.

마틴 로이드 존스의 《생수를 누리라》 중에서

67. 그리스도인과 종교인의 가장 큰 차이는 무엇인가요?

답 진정한 기쁨에 있습니다(빌 4:4).

설명 그분을 바라보고, 그분이 누구이며 무엇을 하셨는지를 깨달으면, 우리는 기쁨의 영으로 충만해집니다.

마틴 로이드 존스의 《생수를 나누라》 중에서

68. 도덕을 강조하면 사회가 선해질 텐데 굳이 선해지기 위해 종교가 필요할까요?

답 그렇지 않습니다. 인간은 종교를 가져야 도덕적으로 사는 것이지 도덕을 안다고 선해지지 않는다는 것을 역사가 분명히 증명하고 있습니다.

설명 종교는 도덕보다 우선시되어야 합니다. 그래야 도덕도 살아남을 수 있습니다. 종교와 영적 부흥은 언제나 도덕적이고 지적인 각성으로 이어졌습니다. 종교의 쇠퇴는 도덕적 붕괴를 가져옵니다. 종교 없이 도덕만을 의지하거나 도덕을 종교보다 우위에 놓는 것은 재앙을 불러옵니다. 종교 없는 도덕은 무능력하기 때문에 전적으로 실패합니다.

마틴 로이드 존스의 《능력》 중에서

내용 요약

그리스도인의 삶은 그리스도인이 먼저 되어야 합니다. 옛 자아가 제거되고 새 자아로 거듭나야 합니다. 그러면 우리 주 예수 그리스도의 십자가를 통한 구원, 죄로 인한 죄책에서의 구원, 하나님의 진노와 저주에서의 구원, 죄의 삯인 사망에서의 구원, 사망의 두려움에서의 구원을 얻습니다.

무엇보다 하나님과의 관계 회복으로 인한 기쁨, 하나님과 화목하게 된 것으로 인한 기쁨, 그래서 하나님을 기뻐하고 그것이 하나님께 영광 돌리는 일임을 알고, 오직 하나님을 알아가기를 소망하며 그것에 마음을 두는 자가 그리스도인입니다.

그런데 주님을 믿는다 하면서도 여전히 옛 자아를 버리지 못하고 하나님의 나라와 의를 먼저 구하기보다 먹을 것, 입을 것, 마실 것을 생각한다면 그는 주님을 믿는다고 하지만 주님이 주시는 기쁨을 누리지 못하고 여전히 현실을 무서워하고 미래를 두려워하며 살아가는 교회 속의 세속인으로 불쌍한 자가 될 것입니다. 그러므로 그리스도인이라면 그렇게 되길 소망한다면 먼저 마음이 변해야 합니다(중생). 자아가 변해야 합니다. 패러다임이 변해야 합니다. 그리스도인의 마음을 가져야 합니다. 이것이 먼저입니다. 새 피조물이 되어야 합니다. 이것이 중생입니다. 하늘의 것으로 사는 삶입니다.

새 하늘과 새 땅을 소망하지 않는 사람은 이 땅에서의 험난함을 이기지 못할 것이기 때문입니다. 그러기에 영적인 것이 세속적인 것보다 우선되고 귀하고 중한 것입니다. 하나님만이 전부입니다. '그분과의 관계만 좋다면 나는 어찌되든 행복한 자입니다'라는 진실한 마음 속의 고백이 있어야 합니다. 우리 주 예수님만 있으면 어떠한 상황 속에서도 하나님이 모든 것을 합력하여 선을 이룰 것을 믿어야 합니다. 그러므로 먼저 그리스도인이 되어야 합니다. 먼저 그리스도인의 마음을 소유해야 합니다. 이것이 먼저입니다. 새 마음이 먼저입니다.

빌립보서 2장 5절 "너희 안에 이 마음을 품으라 곧 그리스도 예수의 마음이니"

질 문

문 1 인생에서 가장 중요한 것은 무엇인가요?
답 1.

문 2 평강을 얻으려면 어떻게 해야 하나요?
답 2. 3. 4. 5. 6. 7. 8. 9. 10. 11. 12.

문 3 불행하다고 생각하는 이유는 무엇인가요?
답 13. 14. 15. 35. 53.

문 4 삶에 있어서 어려움은 어떻게 극복해야 하나요?
답 16. 19. 21. 22. 25. 26. 27. 28. 32. 33. 34. 36. 37. 39. 41.

문 5 참된 그리스도인의 행동 양식은 무엇인가요?
답 23. 31. 38. 40. 45. 46. 47. 48. 49. 50. 57. 60.

문 6 좋은 믿음의 소유자가 되고 싶습니다. 어떻게 하면 되나요?
답 42. 43. 51. 64.

문 7 하나님께서 이끄시는 법칙은 무엇인가요?
답 62. 65.

문 8 감정을 어떻게 다루어야 하나요?
답 63. 68.

제 15 장

기도에 관하여

1. 기도란 무엇인가요?

답 기도란 하나님의 뜻에 합당한 것들에 대한(요일 5:14) 우리의 소원을(시 10:17, 62:8; 마 7:7-8) 그리스도의 이름으로(요 16:23-24), 우리의 죄를 고백하면서(시 32:5-6; 단 9:4-19; 요일 1:9), 그리고 하나님의 크신 사랑을 감사하면서, 하나님께 올려 드리는 것입니다(시 103:1-5; 빌 4:6).

웨스트민스터소요리문답 제98문

2. 하나님께서 기도를 가르쳐 주시기 위해 우리에게 주신 모범은 무엇입니까?

답 주기도문

설명 하나님의 말씀 전체가 우리에게 기도를 가르쳐주는 데 유용합니다. 그러나 기도의 교육에 있어서 특별한 모범은 그리스도께서 그의 제자들에게 가르쳐주신 '주기도문'이라고 일컫는 기도입니다.

웨스트민스터소요리문답 제98문

3. 기도는 어떻게 해야 하나요?

답 1) 겸손한 자세로 해야 합니다. 하나님은 절대적으로 옳고 의로우신 분이라고 믿어야 합니다. 하나님은 거룩하고 나는 죄인이라는 것을 인정해야 합니다. 인간이 '나는 전부 옳다'고 생각하는 것보다 나쁜 것은 없습니다.
2) 경배해야 합니다. 그분의 임재에 대한 경배와 그분의 행동 방식에 대한 경배입니다. 하나님을 경외하고 그분을 두려워해야 합니다.
3) 간구하는 것입니다. 하나님의 일을 기억하고, 하나님의 일을 하시도록 기도합니다.

설명 겸손한 자세로 하나님이 보시기에 우리 자신이 어떤가를 살피고, 우리 죄를 고백하며, 하나님의 전능하신 손길에 우리 자신을 맡길 때까지는 우리는 평화와 행복을 바랄 자격이 없습니다.

마틴 로이드 존스의 《하나님을 아는 기쁨》 중에서

4. 기도는 어떻게 해야 하나요?

답 1) 거룩함입니다(시 66:18; 약 5:16). 회개는 죄를 미워하고, 그것을 버리며, 거룩한 삶을 살겠다고 결심하는 경건한 슬픔입니다.

2) 분노 없이 기도해야 합니다(마 5:23-24, 44, 18:35). 분노란 다른 사람들에 대해 나쁜 의도와 반감이 자리 잡은 상태입니다.

3) 다툼이 없이 해야 합니다(히 11:6; 딤후 1:12). 하나님에 대한 지적 반란이 있으면 안 됩니다.

이는 하나님 존재에 대한 의심, 그분의 선하심에 대한 의심, 기도를 기꺼이 들어주신다는 의심, 효력에 대한 의심이 없어야 한다는 것입니다. 의심하는 마음으로 기도한다면 기도하는 것이 아무 소용없습니다.

설명 기도는 전적으로 하나님의 존재를 믿고, 그분과 그분의 거룩한 뜻을 전적으로 신뢰하는 믿음의 표현이요, 믿음의 결과입니다. 기도하면 자신의 욕구 충족보다는 하나님의 영광에 더 많은 관심을 가지게 될 것입니다.

마틴 로이드 존스의 《전쟁과 하나님의 주권》 중에서

5. 믿음의 기도의 특징은 무엇입니까?

답 1) 절대적으로 확신합니다. 확실합니다.
2) 평온함이 있습니다. 평안이 있습니다.
3) 언제나 가능성이 있습니다(행 3:6).

4) 믿음의 기도는 주어집니다.

5) 믿음의 기도는 하나님께로 인도합니다(엡 2:14, 16-18).

마틴 로이드 존스의 《생수를 구하라》 중에서

6. 성령으로 기도한다는 것을 어떻게 알 수 있나요?

 1) 하나님의 임재에 대한 깨달음이 있습니다.

2) 하나님 앞에 있다는 의식이 있습니다.

3) 살아 있는 행위입니다. 성령은 생명의 영이십니다. 진짜는 성령이 만드십니다.

4) 담대함과 확신이 있습니다(갈멜 산에서의 엘리야의 기도, 히 10:19-22).

5) 뜨거움과 열정이 있습니다(눅 3:16).

6) 자유와 해방이 있습니다(고후 3:17).

7) 열심이 있습니다(골 4:12). 성령으로 하는 기도는 큰 일을 이룹니다.

8) 감사와 찬양과 사랑이 있습니다(빌 4:6-7). 여러분은 하나님의 영광과 자신의 행복 중 어느 쪽에 더 관심이 많습니까? 마귀가 절대 할 수 없는 것은 우리가 하나님을 찬양하도록 하는 것입니다.

9) 끈질김이 있습니다(골 4:12; 행 1:14; 롬 15:30; 눅 18:1; 살전 5:17).

낙망의 대안이 기도입니다.
10) 마음의 기도입니다.
11) 감동이 되도록, 감동될 때까지 기도해야 합니다.

마틴 로이드 존스의 《생수를 구하라》 중에서

7. 기도가 어려운 이유는 무엇인가요?

답

1) 기도는 지성소에 들어가는 것이기 때문입니다(히 10:19). 기도란 하나님의 임재에 들어가는 것이기 때문에 어렵습니다.

2) 악한 양심 때문에 기도가 어렵습니다(히 10:22). 양심의 문제를 해결하지 않으면 기도하기가 어렵습니다.

3) 스스로 부정하다고 느끼기 때문입니다(히 10:22). 우리가 전적으로 부패한 탓에 무엇을 행하든 행하지 않든 모든 일에 문제가 있다고 느끼는 것입니다. 즉 죄의 문제 때문입니다.

마틴 로이드 존스의 《영광을 바라보라》 중에서

8. 왜 기도를 하는데도 문제가 해결되지 않을까요?

답 1) 기도를 응답의 차원에서만 생각합니다. 하나님을 예배하고 경배하고 찬양하는 것에 대해서는 생각하지 않습니다.
2) 기도 응답에 대해 성급하게 일반화시켜 버립니다. 기도 응답의 경우는 매우 다양합니다.
3) 진정한 기도 응답과 응답처럼 보이는 상황을 분별하지 못합니다.

설명 고통의 본질을 파악하는 것이 치유의 절반입니다.

마틴 로이드 존스의 《하나님의 주권》 중에서

9. 기도가 필요한 이유는 무엇인가요?

답 기도는 하나님께서 우리에게 요구하시는 감사의 특별한 부분이기 때문입니다(시 50:14, 15). 하나님께서는 그의 은혜와 성령을, 마음에서 우러나오는 간구를 쉬지 않고 드리는 이들과 그에게 감사하는 자에게만 주시기 때문입니다 (마 7:7, 13:12; 눅 11:9).

하이델베르크요리문답 제116문

내용 요약

기도는 믿는 자의 호흡입니다. 기도를 통하여 하나님과 관계가 회복된 이들이 하나님과 인격적 교제를 하는 것입니다. 기도를 통해서 우리는 하나님의 뜻을 알게 되며, 나의 기도 제목이 아니라 하나님의 뜻과 하나님께 영광 돌리는 기도를 하게 됩니다.

질문

문 1 기도는 어떻게 해야 하나요?
답 1. 2. 3. 4. 9.

문 2 믿음의 기도의 특징은 무엇인가요?
답 5.

문 3 성령으로 기도한다는 의미는 무엇인가요?
답 6.

문 4 기도를 하는데도 문제가 해결되지 않는 것 같은 이유는 무엇인가요?
답 8.

제 16 장

교회에 관하여

1. 교회란 무엇인가요? (1)

답

1) 교회란 죄로 인하여 가책을 느끼는 사람들의 모임입니다.
2) 성경 말씀과 사도의 가르침(교리)을 가장 우선시 하는 공동체입니다. 교리가 교제보다 앞서야 합니다. 말씀을 사모하는 공동체입니다.
3) 교제가 있는 공동체입니다.
4) 성례를 함께하는 공동체입니다.
5) 기도를 함께하는 공동체입니다.
6) 예수님 안에서 무슨 일을 만나든 평강의 공동체입니다.
7) 하나님을 찬양하는 공동체입니다.

설명 교회란 예수를 그리스도라고 믿고 함께하는 세상에서 구별된 공동체입니다. 영원한 생명에로 예정된 공동체입니다(제네바 교회 교리문답 제93문). 그리스도의 신부입니다. 주 예수 그리스도의 왕국이며, 하나님의 집이며 권속입니다(웨스트민스터 신앙고백 제25장).

마틴 로이드 존스의 《영광을 바라보라》 중에서

2. 교회란 무엇인가요? (II)

 교회는 보이지 않는 교회와 보이는 교회가 있습니다. 보이지 않는 교회는 영적이기에 보이지 않습니다. 보이는 교회는 볼 수 있어서 외부에서 바라볼 수 있고, 고린도나 로마 혹은 다른 특정한 장소에 존재한다고 묘사할 수 있습니다. 보이지 않는 교회가 보이는 교회를 통하여 나타납니다.

마틴 로이드 존스의 《영광스러운 교회와 아름다운 종말》 중에서

3. 교회의 중요한 세 가지 표지가 무엇입니까?

 말씀 선포와 성례 집행, 그리고 권징입니다(마 18:15-17; 롬 16:17; 고후 2:5-10; 딛 3:10).

마틴 로이드 존스의 《영광스러운 교회와 아름다운 종말》 중에서

4. 이 땅에서 교회의 임무는 무엇인가요?

 죄인임을 깨닫게 하여 복음의 필요를 느끼게 하는 것입니다. 인간은 반드시 자기 죄를 깨닫고 가책을 느껴야만 합니다. 인간은 반드시 자기 자신과 하나님에 대한 자신의 태

도에 대한 적나라하고 끔찍한 진실을 직면해야 합니다. 이 사실을 깨달을 때에야 비로소 진심으로 복음을 믿고 하나님께로 돌아올 준비가 된 것입니다.

마틴 로이드 존스의 《능력》 중에서

5. 기독교 메시지의 특징은 무엇입니까?

답 1) 기독교 메시지는 배타성이 있습니다(요 14:6, 10:8, 9; 행 4:11, 12; 고전 1:21).

2) 기독교의 메시지는 유일무이합니다(창 1:1; 갈 1:8). 하나님이 행동하지 않으면 소망이 없습니다.

3) 기독교 메시지의 특징은 역사성입니다. 주님의 삶과 죽음과 부활은 절대적 기초이며 중심이며 그리고 사실입니다.

4) 예수 그리스도는 구원자이며 역사의 주인이십니다(벧전 1:10-12; 고후 1:18-20).

마틴 로이드 존스의 《생수를 구하라》 중에서

6. 교회가 활기가 없고 무기력한 이유는 무엇인가요?

답 1) 그리스도의 영광을 충분히 보지 못했기 때문입니다.

2) 그리스도가 얼마나 깊은 죄악과 어둠에서 우리를 구해 주셨는지 깨닫지 못했기 때문입니다.

3) 그리스도가 우리를 위해 무슨 일을 하셨는지 모르기 때문입니다.

마틴 로이드 존스의 《하나님께로 난 사람》 중에서

7. 오늘날 교회가 능력을 잃고 사람들에게 무시당하는 이유는 무엇인가요?

답 1) 예수 그리스도가 십자가에 못 박히심을 전하지 않기 때문입니다(고전 2:2).

2) 하나님에게서 멀어졌기 때문입니다. 인간이 하나님께 대항하는 동안에는 결코 행복해질 수 없습니다. 세상에서 가장 필요한 것은 하나님과의 화목입니다.

마틴 로이드 존스의 《세상의 유일한 희망》 중에서

8. 그리스도인은 교회생활을 할 때 어떤 기준을 가지고 섬겨야 하는지요?

답

1) 어느 것이 우선인가를 생각하며 살아야 합니다. 하나님의 진리가 무엇보다 먼저여야 합니다.
2) 어떤 비난을 받더라도 신앙 양심에 따라 정직하게 살아야 합니다.
3) 다수의 결정이 잘못되었다면, 소수의 사람으로 남아서라도 진리를 증거하며 다른 이들을 설득해 진리로 이끌어야 합니다.
4) 교권주의나 성직계급주의적인 원리를 따르려는 성향을 경계해야 합니다.
5) 예배와 설교 대신 예배 의식(의식주의적 경향)을 높이려는 경향을 조심해야 합니다.

마틴 로이드 존스의 《타협할 수 없는 진리》 중에서

9. 무엇을 감사하며 살아야 하나요?

답

1) 생명을 주신 것에 감사.
2) 결혼과 가정을 세워주신 하나님께 감사.
3) 신체적인 필요들을 채우심에 감사.

4) 기술과 재능, 개인적인 은사들로 인해 감사.

5) 하나님의 인내에 감사.

6) 죄 사함과 새 생명을 주신 하나님께 감사.

7) 현세의 복과 장래의 소망을 예비하신 하나님께 감사.

8) 그리스도의 이름을 위하여 당하는 고난에 감사.

9) 하나님의 징계하심에 감사해야 합니다.

마틴 로이드 존스의 《성경적 찬양》 중에서

내용 요약

교회는 예수 그리스도를 믿고 세상에서 구별된 공동체입니다. 말씀 선포와 성례와 권징이 있는 것이 교회입니다. 교회는 그리스도의 왕국이며 하나님의 집입니다. 그 안에서 하나님께 예배하고 찬양하고 기도하며 교제하는 공동체입니다.

교회와 관련하여 더 깊이 연구하고 싶은 분에게는 부흥과 개혁사에서 나온 《영광스러운 교회와 아름다운 종말》을 읽기를 권합니다.

질 문

문 1 교회란 무엇인가요?
답 1. 2.

문 2 교회의 3가지 표제가 무엇인가요?
답 3.

문 3 교회의 임무는 무엇인가요?
답 4. 5.

문 4 교회가 세상에서 무시당하고 또한 무기력해 보이는 이유는 무엇인가요?
답 6. 7.

제 17 장

예배에 관하여

1. 기독교의 일차적인 목적은 무엇인가요?

답 하나님을 알고, 하나님을 예배할 수 있게 하는 것입니다.

설명 사람의 제일되는 목적은 하나님을 영화롭게 하고 그분을 영원토록 즐거워하는 것입니다(웨스트민스터 소요리문답 제1문). 하나님께 드리는 진정한 예배만큼 중요한 것은 없습니다. 생각 없이 예배를 드리면 안 됩니다.

마틴 로이드 존스의 《생수를 구하라》 중에서

2. 잘못된 예배는 무엇인가요?

답
1) 전통과 선입견에 지배되는 예배입니다(요 4:24).
2) 특정 장소에 구애 받는 예배입니다(요 4:21-23).
3) 형식과 외형에 치우친 기계적인 예배입니다.
4) 지성화된 예배입니다. 예배는 설교를 들으러 가는 것이 아닙니다. 예배는 하나님과 살아 있는 교제로 인도하는 것입니다.
5) 심리적 예배입니다. 예배의 관심이 하나님의 임재에 들어가는 것입니까? 아니면 기분이 좋아지는 것입니까? 우리는 진정한 예배자가 되어야 합니다.

설명 예배란 하나님 앞에 엎드리는 행위이며, 하나님 때문에 하나님을 높이는 행위입니다. 예배란 하나님께 집중하는 것입니다.

마틴 로이드 존스의 《생수를 구하라》 중에서

3. 참된 예배자의 태도는 어떤 것인가요?

1) 신령과 진정으로 예배 드려야 합니다(요 4:24; 행 17:24, 25). 이것은 성령이 인도하시는 예배입니다.
2) 하나님은 편재하십니다. 어디에나 계십니다(시 139:7-12).
3) 하나님이 누구신지 기억하는 예배여야 합니다(시 103:12; 고후 11:31). 우리는 하나님의 자녀입니다.
4) 모든 염려를 주님께 맡겨야 합니다(벧전 5:7).
5) 수가 적은 것이 문제가 되지 않습니다(고후 6:16-17).
6) 하나님에 대해 생각하는 예배를 드려야 합니다. 그분이 누구며, 어떤 분이며, 왜 항상 경건함과 두려움으로(히 12:28) 나아가야 하는지를 깨달아야 합니다.
7) 위선적인 예배는 안 됩니다(시 24:3, 4, 51:6, 139:23, 24).
8) 겸손히 자신을 낮추며 마음을 찢는 예배를 드려야 합니다(사 57:15; 시 51:17).

마틴 로이드 존스의 《생수를 구하라》 중에서

4. 성례는 반드시 필요한가요?

답 성례는 주 예수 그리스도께서 제정하시고 명하셨기 때문에 그것을 믿습니다. 또한 주님의 명령이기에 순종함으로 참여해야 합니다. 이는 언제나 말씀 전파와 연관되어 시행되어야 합니다.

마틴 로이드 존스의 《영광스러운 교회와 아름다운 종말》 중에서

5. 회개하고 믿는 자는 세례를 받아야 하는데, 세례의 의미가 무엇입니까?

답 세례는 성령으로, 그리스도와 합하여, 한 몸으로 세례 받으며 모세에게 속하여 세례 받음을 의미합니다

고린도전서 10:2 "모세에게 속하여 다 구름과 바다에서 세례를 받고."

세례는 깨끗하게 되는 것을 의미합니다(행 2:37-38; 딛 3:5).

마틴 로이드 존스의 《영광스러운 교회와 아름다운 종말》 중에서

6. 세례의 목적은 무엇인가요?

1) 우리를 원죄에서 깨끗하게 하는 것은 아닙니다.
2) 죄사함과 칭의에 대한 표징이자 인입니다. 세례를 받아 의로워지는 것이 아니라, 의롭게 되었기에 세례를 받는 것입니다. 죄사함을 받고 의롭게 되는 수단이 아니라 그에 대한 보증입니다.
3) 세례는 중생, 그리스도와의 연합, 성령의 내주하심에 대한 표징이자 인입니다.
4) 교회의 일원이 되었다는 표징입니다.
5) 세례는 우리에게 확증과 보장을 주며, 우리의 믿음을 강건하게 하고 성장시키는 것입니다.

마틴 로이드 존스의 《영광스러운 교회와 아름다운 종말》 중에서

7. 성찬의 의미는 무엇입니까?

1) 주님의 죽으심을 보여 줍니다(고전 11:26; 눅 22:19-20).
2) 그리스도의 십자가에 참여한다는 것을 보여 줍니다. 그와 함께 죽고, 장사되고, 함께 살리심을 받았습니다.
3) 우리가 새 언약에 참여한다는 것을 보여 주는 것입니다(고전 11:25). 우리 주 예수 그리스도 안에서 그리스도를

통해 하나님이 신자들과 새 언약을 맺으셨다는 것을 상기시켜 줍니다.

4) 우리가 그리스도로부터 힘을 받아 신자의 삶을 산다는 것을 보여 주는 것입니다(요 6:56-57, 61-63).

5) 신자들 사이의 연합을 보여 주는 것입니다(고전 10:16-17).

6) 위의 모든 사실을 우리에게 인쳐 주는 것입니다.

마틴 로이드 존스의 《영광스러운 교회와 아름다운 종말》 중에서

8. 찬송을 부를 때 주의할 점은 무엇인가요?

 1) 가사의 중요성을 생각하며 찬송해야 합니다.

2) 너무 감정주의에 빠지지 말아야 합니다.

3) 성령의 인도를 받아 함께 찬송해야 합니다.

마틴 로이드 존스의 《성경적 찬양》 중에서

9. 우리는 무엇을 찬양해야 하나요?

 1) 삼위 하나님의 인격과 위엄을 찬양해야 합니다.

2) 주님의 영광, 위엄, 위대함을 찬양해야 합니다.

3) 성육신의 신비를 찬양해야 합니다.

4) 왕이요 선지자이시며 제사장 되신 주님을 찬양해야 합니다.

5) 우리의 찬양은 천국에서의 찬양을 준비하는 것입니다.

마틴 로이드 존스의 《성경적 찬양》 중에서

내용 요약

예배는 오직 삼위 하나님께 영광을 돌리는 것입니다. 오직 하나님만이 참 예배의 합당한 대상이 됩니다. 예배는 성도를 온전하게 하며 그리스도의 교회를 세우는 것과 복음을 증거하는 것입니다.

예배를 통해서 하나님의 나라를 이 땅에서 예표적으로 경험하는 것입니다. 예배는 그리스도가 유일한 중보자이시고 오직 그분에 의해서만 하나님께 나아갈 수 있습니다. 예배는 신령과 진정으로 드려야 합니다. 하나님의 거룩하심 앞에 자신의 죄성을 깨달으며 경외하는 마음으로 하나님의 임재 앞에 나아가야 합니다. 그리스도로 말미암아 놀라운 하나님의 은혜를 경험하고 감사함으로 그의 궁전에 들어가야 합니다.

질 문

문 1 기독교의 일차적인 목적은 무엇인가요?
답 1.

문 2 참된 예배자의 태도는 무엇인가요?
답 3.

문 3 성례가 무엇인가요?
답 4. 5. 6. 7.

제 18 장

죽음에 관하여

1. 죽음의 의미는 무엇입니까?

답 죽음은 존재의 단절이 아니라 육체와 영혼의 분리를 의미합니다. 영혼은 계속 존재합니다(마 10:28). 죽음은 죄에 대한 형벌입니다.

마틴 로이드 존스의 《영광스러운 교회와 아름다운 종말》 중에서

2. 죽음이란 그리스도인들에게 어떤 의미를 가지고 있나요?

답 그리스도와 함께 있는 것입니다. 그리스도와 함께 있는 것이 이 세상의 삶보다 유익합니다.

설명 성도는 죗값으로 죽는 것이 아니라 죄를 짓지 않는 상태가 되기 위하여 죽음이란 과정을 겪는 것입니다. 그리스도인은 죽음을 통해서 더 이상 죄를 짓지 않는 상태로 들어가는 것입니다(요 5:24; 빌 1:23; 롬 7:24).

사망이란 가장 아름다운 곳에서 그리스도와 함께 거하게 되는 것을 의미합니다. 그리스도인에게 있어 사망은 더 이상 공포의 원인이 아닙니다. 죽는다는 것은 그분과 함께 거한다는 것을 의미합니다. 세상 사람들은 하나님을 알지 못하고 또 예수 그리스도를 알지 못하기 때문에 사망이

찾아오는 것입니다. 믿는 자의 사망은 예수 그리스도와 영원히 사는 것이요, 상급을 받는 것이며, 죄 짓지 않는 사람으로 부활하여 새 하늘과 새 땅으로 가는 것이지만, 믿지 않는 자는 죄의 삯이며 심판입니다.

마틴 로이드 존스의 《위로》 중에서

3. 주님의 죽으심이 믿는 자들과 무슨 상관이 있나요?

답 죽음을 두려워하지 않고 살 수 있게 됩니다. 왜냐하면 하나님 나라를 갈 수 있다는 믿음이 있기 때문입니다.

설명 주님을 믿는 자들은 그가 자신을 위해 거처를 예비해 놓으셨다는 것과 그가 다시 와서 자신을 영접해 주신다는 것, 그리고 그가 계신 곳에 자신도 함께 있게 해주신다는 것을 확신할 수 있습니다(요 14:1-3).

요한복음 14:1-3 "너희는 마음에 근심하지 말라 하나님을 믿으니 또 나를 믿으라 내 아버지 집에 거할 곳이 많도다 그렇지 않으면 너희에게 일렀으리라 내가 너희를 위하여 거처를 예비하러 가노니 가서 너희를 위하여 거처를 예비하면 내가 다시 와서 너희를 내게로 영접하여 나 있는 곳에 너희도 있게 하리라."

마틴 로이드 존스의 《위로》 중에서

4. 누가 심판을 받나요?

답 믿는 자와 믿지 않는 자가 동시에 심판을 받습니다(계 20:12). 타락한 천사도 심판을 받습니다(벧후 2:4).

마틴 로이드 존스의 《영광스러운 교회와 아름다운 종말》 중에서

5. 누가 심판을 하시나요?

답 예수 그리스도입니다(요 5:21-23, 26-27; 빌 2:9-11; 딤후 4:1).

디모데후서 4:1 "하나님 앞과 살아 있는 자와 죽은 자를 심판하실 그리스도 예수 앞에서 그가 나타나실 것과 그의 나라를 두고 엄히 명하노니."

마틴 로이드 존스의 《영광스러운 교회와 아름다운 종말》 중에서

6. 최후 심판의 목적은 무엇인가요?

답 하나님의 영광입니다(창 18:25; 시 96:13). 죄의 본질은 하나님께 영광 돌리기를 거부하는 것입니다. 하나님의 영광은 그 백성의 구속과 죄인들의 심판을 통해서 드러날 것입니다.

마틴 로이드 존스의 《영광스러운 교회와 아름다운 종말》 중에서

7. 부활의 본질이 무엇입니까?

 1) 부활은 육체가 문자적으로 살아난다는 뜻입니다(요 20:27, 5:28, 29; 롬 8:11). 주님의 부활을 보면 부활 후 제자들에게 나타나셔서 "내 손과 발을 보고 나인 줄 알라 또 나를 만져 보라 영은 살과 뼈가 없으되 너희 보는 바와 같이 나는 있느니라"(눅 24:39)고 하십니다. 또한 도마가 주님의 부활을 믿지 못하겠다고 합니다. "다른 제자들이 그에게 이르되 우리가 주를 보았노라 하니 도마가 이르되 내가 그의 손의 못 자국을 보며 내 손가락을 그 못 자국에 넣으며 내 손을 그 옆구리에 넣어 보지 않고는 믿지 아니하겠노라 하니라"(요 20:25). 그에게 나타나셔서 도마에게 이르시되 "네 손가락을 이리 내밀어 내 손을 보고 네 손을 내밀어 내 옆구리에 넣어 보라 그리하여 믿음 없는 자가 되지 말고 믿는 자가 되라"(요 20:27)고 하셨습니다.

2) 몸의 부활이 중요합니다. 인간은 영뿐 아니라 육체 역시 지속됩니다. 몸의 부활이 없이는 구원이 완성되지 않습니다(롬 8:11, 22-23; 고후 5:1-4; 빌 3:21).

마틴 로이드 존스의 《영광스러운 교회와 아름다운 종말》 중에서

8. 부활한 몸은 어떤 특징이 있나요?

답

1) '혈과 육'이 아닌 '살과 뼈'로 되어 있습니다(고전 15:50).
2) 부활한 몸은 썩지 않을 것입니다(고전 15:42).
3) 영광스러운 것이 될 것입니다(43절).
4) 강력한 것이 될 것입니다(43절).
5) 영적인 몸이 될 것입니다(44절).
6) 새로운 본능을 소유한 자가 될 것입니다(마 22:29-30).

고린도전서 15:42-44 "죽은 자의 부활도 그와 같으니 썩을 것으로 심고 썩지 아니할 것으로 다시 살아나며 욕된 것으로 심고 영광스러운 것으로 다시 살아나며 약한 것으로 심고 강한 것으로 다시 살아나며 육의 몸으로 심고 신령한 몸으로 다시 살아나나니 육의 몸이 있은즉 또 영의 몸도 있느니라."

마태복음 22:29-30 "예수께서 대답하여 이르시되 너희가 성경도, 하나님의 능력도 알지 못하는 고로 오해하였도다 부활 때에는 장가도 아니 가고 시집도 아니 가고 하늘에 있는 천사들과 같으니라."

마틴 로이드 존스의 《영광스러운 교회와 아름다운 종말》 중에서

내용 요약

죽음은 존재의 단절이 아니라 육체와 영혼의 분리입니다. 그리스도인은 죗값으로 인해 지옥에 가는 것이 아니라 가장 아름다운 곳에 그리스도와 함께 있게 되고(고후 5:8), 상급받는 축복 가운데 영원히 살 것이며(딤후 4:7, 8), 그리스도에게 영광을 돌리고 존귀하게 되는 것을 방해하는 것에서 자유하게 됩니다.

하나님 나라에 관련하여 더 깊이 연구하고 싶은 분에게는 부흥과 개혁사에서 나온 《영광스러운 교회와 아름다운 종말》을 읽기를 권합니다.

질문

문1 죽음의 의미는 무엇인가요?
답 1. 2. 3.

문2 누가 심판을 하시나요?
답 4. 5.

문3 심판의 목적은 무엇인가요?
답 6.

문4 부활의 특징은 무엇인가요?
답 7. 8.

제 **19** 장

종말에
관하여

1. 인간은 왜 심판을 받나요?

답 성경은 죄로 인하여 이 세상이 심판을 받을 것이라고 합니다.

설명 하나님의 계획은 이 세상에서 사람들을 구원해 내는 것입니다. 사람은 자신의 영혼과 운명 및 하나님과 맺는 관계의 중요성을 알아야 합니다. 그러므로 그리스도인은 재림의 중요성을 기억하고 그날을 준비하고 기대해야 합니다.

마틴 로이드 존스의 《위로》 중에서

2. 하나님의 심판은 죽어서만 받는 것인가요?

답 아닙니다. 하나님의 진노는 이미 시작되었습니다. 하나님께서 죄에 대한 진노를 일부 나타내고 계십니다. 하나님께서 인간의 죄악을 당사자들과 그 후손들에게 일부 갚고 계십니다.

그러나 최후의 심판과 형벌이 있습니다. 결국 세상을 끝낼 것입니다. 심판과 함께 끝내실 것입니다.

설명 이미 두 번의 세계 대전이 죄로 인한 하나님의 심판입니다. 또한 대자연을 파괴함으로 경험되는 자연 재해도 하나님의 심판이 시작되었음을 의미합니다. 하나님의 심판은 과거와 현재를 통해 미래의 심판이 예표되는 것입니다. 예를 들면, 예루살렘의 파괴는 하나님의 심판입니다. 그러나 이 파괴는 또한 미래의 대환난에 대한 예표가 되는 것입니다. 진노는 작정되었고 멈추지 않을 것이니 우리는 회개하고 재를 뒤집어쓰고 옷을 찢으며 죄에서 멀어져야 합니다. 사망 권세(죽음의 두려움에서)에서 해방시켜 주신 주님께, 하나님의 진노에서 죄와 허물을 사하여 주신 주님을 통해 하나님께 나아가, 하나님과 화목하게 하신 것을 안도하고 감사해야 합니다. 하나님의 진노는 이미 시작되었습니다.

마틴 로이드 존스의 《능력》 중에서

내용 요약

하나님은 인간은 모두 다 죽음 이후에 심판을 받게 될 것이라고 말씀하셨습니다. 그 심판은 작정된 것이며 반드시 이루어질 것입니다. 그리고 그 심판이 이루어질 것을 이미 역사에서 예표로 보여 주셨습니다. 노아의 홍수, 소돔과 고모라의 멸망, 예루살렘의 멸망과 성경에 나오는 강대국들의 멸망은 앞으로 있을 멸망에 대한 충분한 예표가 됩니다. 또한 죄를 지은 것에 대한 심판을 마지막 날 받을 것입니다. 그리고 그 예표가 바로 수많은 전쟁과 인간의 죄악으로 인한 자연 재해들이 그 예표입니다.

종말에 관련하여 더 깊이 연구하고 싶은 분에게는 부흥과 개혁사에서 나온 《영광스러운 교회와 아름다운 종말》을 읽기를 권합니다.

질문

문 1 인간은 왜 심판을 받나요?
답 1.

문 2 하나님의 심판은 죽어서만 받는 것인가요?
답 2.

제 20 장

하나님 나라에 관하여

1. 주님의 재림에 대해 믿는 자는 재림을 어떤 방식으로 접근해야 할까요?

답 1) 재림에 대한 연구는 우리를 거룩함으로 인도합니다. 우리와 주님과의 관계를 가장 중요하게 생각해야 합니다.
2) 재림의 날짜를 확정하려고 시도하는 실수를 범하지 말아야 합니다(살전 5:1; 막 13:32).

마틴 로이드 존스의 《영광스러운 교회와 아름다운 종말》 중에서

2. 예수님이 '부활의 첫 열매'라면 나사로도 죽었다가 '부활'한 것이 아닌가요? 구약에도 엘리사가 죽은 아이를 살렸던 기사가 있습니다.

답 그들은 '부활'한 것이 아니라 '소생'한 것입니다. '부활'과 '소생'은 다릅니다. '소생'은 다시 죽습니다. 그러나 '부활'은 영원히 죽지 않는 것입니다. 예수님만이 '부활의 첫 열매'입니다(고전 15:56-57).

설명 주님은 사망을 폐하셨습니다. 즉 패배시켰습니다. 무효화시켰습니다. 죽음에 대해 승리하셨습니다.

마틴 로이드 존스의 《생수를 마셔라》 중에서

3. 천국은 어떤 곳인가요?

답 완벽한 곳입니다. 자연이 더 이상 잔학하게 싸우지 않을 것입니다. 이리와 어린 양이 함께 살며, 사자가 소처럼 풀을 먹을 것입니다(사 11:6-8). 전체 피조물이 타락의 속박에서 벗어나 "하나님의 자녀들의 영광의 자유"(롬 8:21)에 이를 것입니다. 모든 것이 영화롭게 될 것입니다. 하나님께서 인류에게 계획하신 완벽한 세상입니다. 우리가 영원히 하나님의 영광을 즐거워하고, 그 영광의 빛을 받아 다시 반사하고, 그 안에서 자라며 "항상 주와 함께 있을 것"(살전 4:17)입니다. 우리는 아담과 그의 타락, 그리고 그로 인한 모든 비극으로부터 그리스도 안에서 구속 받고, 치유되고, 회복되고, 죄 사함 받고, 부활하고, 영화롭게 되어 완전해진 사람이 될 것입니다. 이것이 하나님의 계획의 일부입니다.

마틴 로이드 존스의 《영광스러운 교회와 아름다운 종말》 중에서

4. 영생이란 무엇인가요?

 영생은 일차적으로 체험이 아닙니다. 영생은 그리스도를 아는 것입니다(요 17:3). 그를 영접하는 것입니다. 그를 아는

지식이 영생을 줍니다. 그는 영원한 하나님입니다. 그는 영원한 말씀입니다. 창조자이십니다. 모든 영적인 능력과 생명과 삶의 원천입니다.

마틴 로이드 존스의 《하나님께로 난 사람》 중에서

5. 하나님 나라에 들어가기 위해서는 어떻게 해야 하나요?

답

1) 예수 그리스도는 하나님의 율법을 온전히 지키심으로 채우셨습니다. 하나님을 온전히 만족시키셨습니다.

2) 마귀와 지옥 및 죽음과 대면해야 합니다. 죄와 죄책과 율법의 정죄를 해결해야 합니다. 예수님은 희생 제물이 되심으로 죄악과 죄책을 담당하심으로 해결하셨습니다(사 53:6). 마귀를 이기셨습니다. 죽음과 대면하여 죽으심으로 해결하셨습니다(히 2:14-18; 고전 15:26, 54, 55). 그러나 그는 죄가 없으시므로 부활하셨습니다.

3) 하나님의 거룩하심의 문제와 대면해서 해결해야 합니다. 예수 그리스도의 의를 우리에게 전가하심으로 해결하셨습니다(히 9:18; 고후 5:19).

마틴 로이드 존스의 《위로》 중에서

내용 요약

하나님의 나라는 하나님의 통치가 있는 곳입니다. 그곳은 완벽한 곳이며, 하나님이 왕으로서 모든 것을 다스리는 곳입니다. 우리에게 모든 것을 풍성하게 주시며 주님이 영원토록 영광을 받는 곳입니다.

질문

문 1 재림에 대해 어떻게 생각해야 하나요?
답 1. 2.

문 2 천국은 어떤 곳인가요?
답 3. 4.

참고도서

- 마틴 로이드 존스. 《성부 하나님과 성자 하나님》 임번진 역, 서울: 부흥과 개혁사, 2014.
- _____. 《성령 하나님과 놀라운 구원》 임번진 역, 서울: 부흥과 개혁사, 2014.
- _____. 《영광스러운 교회와 아름다운 종말》 임번진 역, 서울: 부흥과 개혁사, 2013.
- _____. 《능력》 김종호 역, 서울: 복 있는 사람, 2014.
- _____. 《위로》 정상윤 역, 서울: 복 있는 사람, 2014.
- _____. 《회개》 강봉재 역, 서울: 복 있는 사람, 2014.
- _____. 《너희 하나님을 보라》 정상윤 역, 서울: 복 있는 사람, 2009.
- _____. 《창세기에 나타난 복음》 정상윤 역, 서울: 복 있는 사람, 2010.
- _____. 《하나님께로 난 사람》 정상윤 역, 서울: 복 있는 사람, 2013.
- _____. 《생수를 구하라》 전의우 역, 서울: 규장, 2013.
- _____. 《생명수》 전의우 역. 서울: 규장, 2012.
- _____. 《생수를 마셔라》 전의우 역, 서울: 규장, 2013.
- _____. 《생수를 채우라》 전의우 역, 서울: 규장, 2011.
- _____. 《생수를 누리라》 전의우 역, 서울: 규장, 2012.
- _____. 《생수를 나누라》 전의우 역, 서울: 규장, 2012.
- _____. 《만인의 고백 찬양》 송용자 역, 서울: 지평서원, 2012.
- _____. 《성경적 찬양》 이태복 역, 서울: 지평서원, 2013.
- _____. 《믿음의 시련》 서문강 역, 서울: 지평서원, 2009.
- _____. 《전쟁과 하나님의 주권》 이광식 역, 서울: 지평서원, 2010.
- _____. 《타협할 수 없는 진리》 김효남 역, 서울: 지평서원, 2014.
- _____. 《존 녹스와 종교개혁》 조계광 역, 서울: 지평서원, 2011.
- _____. 《두려움에서 믿음으로》 김은진 역, 서울: 지평서원, 2013.
- _____. 《영광을 바라보라》 조계광 역, 서울: 지평서원, 2014.
- _____. 《시대의 표적》 서문강 역, 서울: 기독교문서선교회, 2007.
- _____. 《영적침체》 오성종, 유영기 역, 서울: 새순출판사, 1998.
- _____. 《십자가》 서창원 역, 서울: 두란노, 2014.
- _____. 《세상의 유일한 희망》 김현준 역, 서울: 나침반, 2003.
- _____. 《하나님을 아는 기쁨》 조용환 역, 서울: 생명의 말씀사, 2011.
- _____. 《산상설교집 상·하》 문창수 역, 서울: 정경사, 2008.
- G. I. 윌리엄슨. 《웨스트민스터 신앙고백서 강해》 나용화 역, 서울: 개혁주의신행협회, 2005.

마틴 로이드 존스에게 신앙의 길을 묻다

1판 1쇄 발행 _ 2015년 7월 30일
1판 2쇄 발행 _ 2016년 3월 10일

엮은이 _ 양우광
펴낸이 _ 이형규
펴낸곳 _ 쿰란출판사

주소 _ 서울특별시 종로구 이화장길 6
편집부 _ 745-1007, 745-1301~2, 747-1212, 743-1300
영업부 _ 747-1004, FAX 745-8490
본사평생전화번호 _ 0502-756-1004
홈페이지 _ http://www.qumran.co.kr
E-mail _ qrbooks@gmail.com / qrbooks@daum.net
한글인터넷주소 _ 쿰란, 쿰란출판사
등록 _ 제1-670호(1988.2.27)
책임교열 _ 오 완

© 양우광 2015 ISBN 978-89-6562-773-9 93230

책값은 뒤표지에 있습니다.
이 출판물은 저작권법에 의해 보호를 받는 저작물이므로 무단 복제할 수 없습니다.
파본(破本)은 구입처에서 교환해 드립니다.